LE BON MÉTIER

DES

DRAPIERS DE LA CITÉ DE LIÉGE

PAR

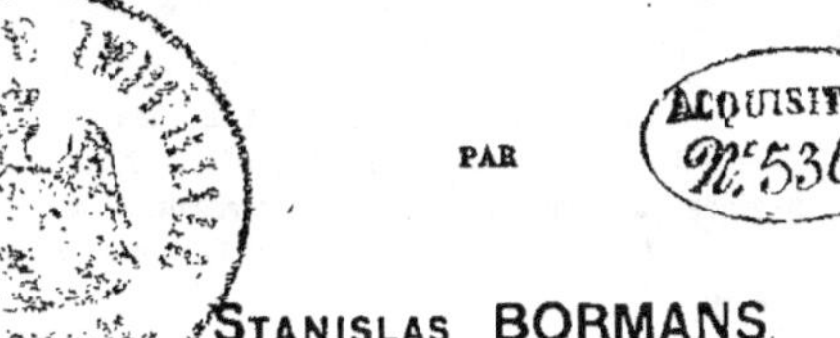

STANISLAS BORMANS

Mémoire couronné par la Société liégeoise de littérature wallonne.

LIÉGE

IMPRIMERIE DE J.-G. CARMANNE,

rue St-Adalbert, 10.

1866

Les corporations d'artisans ont eu, pendant
le moyen-âge, une grande importance histo-
rique par leur durée et par leurs résultats sociaux. (A. THIERRY, *Consid. sur l'histoire de
France.*)

Le livre intitulé : *Chartes et priviléges des 32 bons
métiers de la cité*, malgré ses innombrables fautes typo-
graphiques, est un recueil précieux mais incomplet; et le
plus grand embarras qu'éprouve celui qui veut se mettre
au fait de l'histoire de nos anciennes corporations provient
de la pénurie des documents. Il y a deux ans, en remuant
de vieux papiers dans un grenier ([1]), nous avons eu la
bonne fortune d'y trouver plusieurs pièces sur parchemin
relatives aux drapiers de Liége. Après les avoir confron-
tées avec le recueil indiqué ci-dessus et constaté qu'elles
étaient toutes inédites, nous avions cru, en les utilisant,
pouvoir retracer aisément l'histoire de cette corporation.
Mais malgré ce nouveau renfort, on peut certifier que les

([1]) Sous les combles du Palais de justice, lors du transfert des archives de l'État
dans leur nouveau local.

archives de l'ancien bon métier sont encore loin d'être complètes. De là de grandes difficultés pour remplir les lacunes, et expliquer les effets dont on ne connaît pas les causes ; difficultés augmentées par l'obscurité de certains textes que nous n'avons pas toujours compris et que nous signalons tout spécialement aux philologues wallons. De là aussi naturellement des conjectures que nous présentons au lecteur avec la plus grande modestie.

Le Mémoire sur le métier des tanneurs nous épargne la peine de répéter, au sujet des drapiers, ce que toutes les corporations liégeoises avaient entre elles de commun ([1]).

([1]) Nous regrettons de n'avoir pu établir entre la corporation liégeoise et celles des autres villes belges une comparaison qui aurait été sans doute très-instructive. Mais il n'existe presque pas de livres sur cette matière dans nos provinces, et l'occasion d'aller sur les lieux mêmes, compulser à grands frais les archives des métiers, nous a manqué.

LE BON MÉTIER DES DRAPIERS A LIÉGE.

RECHERCHES HISTORIQUES.

I

Période de formation, 1300 à 1418.

Peu de personnes se doutent que la fabrication du drap, aujourd'hui presqu'abandonnée dans notre ville, et, pour ainsi dire, monopolisée par Verviers, sa voisine et son ancienne rivale, a été pendant plusieurs siècles, dans la cité des princes-évêques, une industrie florissante. Liége ne peut pas, il est vrai, sous ce rapport, revendiquer une antiquité aussi reculée que les Flandres, ni se glorifier comme elles du nombre de ses travailleurs ou de la perfection de ses tissus. Ces provinces se trouvaient, à proximité de l'Angleterre, dans une position exceptionnellement avantageuse au développement rapide et à la prospérité de cet art qui maintint pendant si longtemps leurs capitales au premier rang des cités industrielles du monde. Il est prouvé que les Anglais qui, dès les premiers siècles, possédaient des troupeaux et des règlements pour la propagation des moutons, ne mettant pas eux-mêmes à profit la laine, l'expédiaient par milliers de sacs aux Flamands qui, plus industrieux, s'appliquaient à les tisser et fabriquaient des étoffes pour l'Europe entière (¹). Dans ces deux faits se résume presque toute l'histoire de la manufacture des draps depuis le VIIe siècle jusqu'à la fin du XVe : la laine d'Angleterre et l'industrie des Flamands. « Il sera à jamais étonnant, dit un auteur, que les Pays-Bas aient été pendant tant de siècles en possession exclusive de fournir aux besoins, au luxe et aux fantaisies de tant de nations (²). »

Pendant cette longue période de temps, les dissensions politiques qui affligèrent si souvent les Flandres amenèrent, surtout aux XIIe et XIIIe siècles, de fréquentes émigrations de tisserands gantois qui, allant s'établir dans d'autres localités, y introduisirent leur industrie ; telles furent Ypres, Courtray, Bruxelles, Louvain, Liége, Verviers, et l'on peut dire presque toutes les cités belges qui s'occupèrent de la fabrication du drap ; il y eut même des colonies flamandes qui s'expatrièrent en France, en Angleterre et en Norwége. Mais Gand et Bruges, les mères-patries, conservèrent pendant longtemps encore sur les autres villes leur ancienne supériorité. Au XIIIe siècle, Bauduin IX, en s'emparant de Constantinople, leur ouvrit des débouchés nouveaux, et les Vénitiens, les Génois, les Pisans, en leur enseignant l'art de broder les étoffes d'argent et d'or et de les teindre de couleurs brillantes, les mirent à même de satisfaire au luxe incroyable de cette époque, laissant les autres nations du Nord dans l'impossibilité de rivaliser avec elles.

Ce ne fut qu'au commencement du XVIe siècle que l'Angleterre comprit tout l'avantage qu'elle pouvait tirer de ses propres

---

(¹) « Les Belges (Flamands?) étaient alors si célèbres par l'habileté avec laquelle ils travaillaient les étoffes de laine, qu'un historien anglais de la fin du XIe siècle dit que l'art de tisser paraissait être un don particulier qui leur avait été accordé par la nature, et que ce talent les avait tellement enrichis que plusieurs fabricants et marchands devinrent les rivaux des princes par leur luxe et leurs richesses. » (*Bibliothèque des antiquités belges*, par Ed. Marshall ; Anvers 1833, t. II, p. 43).

(²) *Encyclopédie méthodique. Manufactures, arts et métiers*. Préface.

produits et s'appliqua à les utiliser elle-même. Bientôt les manufactures de drap se répandirent en Angleterre, et les Flamands
se trouvèrent peu à peu privés de matière première. Ils eurent
recours aux laines, de qualité bien inférieure, produites par la
France, l'Allemagne et l'Espagne; mais la lutte était trop inégale,
et dès lors le commerce des Gantois commença à languir. Dans
les premières années du XVIIIe siècle, les troubles civils ache-
vèrent de chasser la draperie des Flandres. La plupart de leurs
tisserands vinrent s'établir dans le Limbourg, où bientôt après
leur industrie occupa plus de 30,000 ouvriers.

A cette époque, Verviers, par la persévérance de son travail,
s'était déjà acquise dans le tissage des étoffes de laine une réputation qui ne fit que s'accroître. Dès le XVe siècle, elle portait
aux Liégeois une concurrence haineuse qui finit par absorber
complétement l'industrie de la cité (¹). En 1798, William
Cockerill y importa les machines à filer la laine; enfin, l'emploi
de la vapeur en 1816 fit faire à cette ville des prodiges et l'éleva
en peu de temps au degré de prospérité où nous la voyons aujourd'hui.

A côté de ces souveraines de l'industrie, la ville de Liége
n'occupe qu'un rang secondaire; la page consacrée à la fabrication liégeoise dans l'histoire de la draperie en Belgique n'est
pas brillante; mais tout ce qui rappelle le souvenir des efforts
faits par nos ancêtres et leur petite part de gloire mérite notre
étude.

C'est dans un document de l'an 1323 que nous trouvons la
plus ancienne preuve claire et authentique de l'existence de
l'industrie drapière à Liége. Nous n'en conclurons pas qu'avant
cette époque, ses habitants ne se livraient pas à la fabrication
du drap, ce qui serait d'autant plus étonnant que déjà en 1249
de petites localités voisines telles que Huy, Saint-Trond, Léau,

---

(¹) Liége, capitale de la principauté, portait le titre de *cité*. Verviers et les
18 autres localités les plus considérables du pays s'appelaient *bonnes villes*.

— 8 —

Tirlemont, Maestricht avaient, d'après des témoignages certains,
des tisserands et des foulons (¹). Quelques auteurs assurent
même que ces villes, ainsi que Tongres et Diest, possédaient au
XIIᵉ siècle des fabriques de drap florissantes.

Toutefois, il nous paraît probable que pour l'industrie qui
nous occupe, avant d'être devenue ville manufacturière, Liége
fut simplement, pendant une assez longue période de temps,
cité commerçante.

Le drap ayant été dans les premiers siècles et au commencement du moyen âge le principal tissu dont se composait l'habillement des hommes et des femmes, le commerce des étoffes de
laine, comme celui de tous les objets de première nécessité, doit
remonter à l'origine même de la ville. Ce furent sans doute
d'abord des étrangers qui vinrent débiter aux foires du pays les
draps fabriqués par les Flamands et même par les Brabançons ;
le diplôme par lequel l'empereur Otton accorda en 983 les bé-
néfices de la foire de Visé à l'Église de Liége , mentionne spécialement les étoffes parmi les marchandises que l'on y exposait
en vente (²). Comme ces grands marchés n'avaient lieu qu'à
de longs intervalles, quelques bourgeois de Liége durent songer
de bonne heure à s'en approvisionner pour la consommation
journalière de leurs concitoyens. Bientôt ils nouèrent des relations avec les villes voisines, et le commerce liégeois s'éten-
dant peu à peu ne tarda pas à devenir important. Au XIᵉ siècle,
les habitants de Liége et de Huy qui était alliés à la hanse
flamande pour les expéditions d'outre-mer, trafiquaient déjà directement avec l'Angleterre.

Fisen rapporte qu'en l'an 1048 le comte de Hollande fit brûler
toutes les barques liégeoises amarrées dans le port de Dor-

(¹) *Bibliothèque des antiquités Belgiques*, par Ed. Marshall. Anvers, 1833,
t. II, p. 43.

(²) *Quicquid videlicet ex coemptione animalium vel ex omni genere tam vestium
quam ferri*, etc. Dans l'*Amplissima collectio*, I, 552.

drecht, qui était alors le principal entrepôt des laines anglaises (¹). Des historiens, dont le témoignage n'est du reste appuyé que sur ces faits et sur d'autres indications vagues, font des conjectures plus ou moins probables et croient que dans ces opérations commerciales, les Liégeois ne se bornaient pas à échanger des marchandises qu'ils recevaient d'ailleurs, mais transportaient sur les marchés étrangers des produits manufacturés par eux. Ils les expédiaient dans les principales places de la Hollande, de la Hongrie, de la Saxe et de la France qu'ils s'étaient ouvertes par des traités (²). Des relations fréquentes s'établirent entre Liége et Cologne, où nos marchands débitaient de la laine, des draps et de la toile. Les 11 décembre 1100 et 4 décembre 1103, ces deux villes conclurent des traités par lesquels elles spécifiaient les droits de douane qu'elles devaient réciproquement percevoir et les denrées qui y étaient sujettes. Au XIIᵉ siècle, Liége formait comme l'entrepôt général entre la France et l'Angleterre; ses principaux produits étaient les armes, le drap et toutes sortes d'étoffes de laine (³).

D'après ces données, il faut croire que le marché de Liége avait dès lors une grande importance et que les drapiers jouissaient déjà d'une partie du crédit dont ils furent plus tard si fiers. Un chroniqueur rapporte en effet que vers 1130 ils avaient la réputation d'être des hommes arrogants (⁴). Cependant la célébrité de la foire de Visé continuait, paraît-il, à éclipser le marché de la capitale. Anselme rapporte que vers l'an 1030,

(¹) Ignem injecit in naves omnes Leodiensium et Coloniensium (*Hist. ecclesiæ Leod.*, t. I, p. 187).

(²) Henaux. *Hist. de Liége*, t. I, p. 58.

(³) Polain. *Hist. de Liége*, t. I, p. 285.

(⁴) Est genus hominum mercenarium, quorum officium est ex lino et lana texere telas, hoc procax et superbum super alios mercenarios vulgo reputatur. (Pertz, X, 309, cité par M. F. Henaux). En France et presque partout, les marchands drapiers jouissant de plus de considération, avaient la prééminence sur les autres corporations.

l'abbé de saint Laurent étant en peine d'habiller ses moines à cause de la pauvreté de son monastère, reçut, par l'inspiration de saint Wolbodon, le conseil d'envoyer un des frères à la foire de Visé. Celui-ci s'y étant rendu fut accosté par un inconnu qui lui demanda ce qu'il faisait là. « Je suis venu, répondit-il, afin de me procurer du drap pour l'habillement de mes frères, mais il est si cher que je ne pourrai en acheter. » A ces mots, l'inconnu lui donna 60 sous, avec lesquels il put faire son emplette (¹)

On voit que les renseignements positifs sur la draperie liégeoise pendant les premiers siècles de notre histoire font presque complétement défaut. Nous sommes cependant certains que le commerce de cet article prospérait dans la cité, puisqu'en 1208 elle fut dotée d'une halle par la munificence de Louis Surlet surnommé le Vieux. A cette époque aucune association n'avait sans doute encore eu lieu entre les marchands de drap ; isolés, indépendants, rivaux peut-être, n'ayant pas comme d'autres artisans des raisons de nécessité pour s'unir et se prêter un mutuel appui, ils avaient repoussé ces liens de confraternité qui firent dans la suite la principale force de la Commune. Un siècle presqu'entier les séparait du reste encore de la grande révolution qui donna naissance aux premières compagnies militaires des métiers. Louis Surlet le plus riche et le plus puissant bourgeois de Liége et, suivant Hemricourt, plus absolu dans cette ville que Hugues de Pierrepont lui-même, comprit probablement l'avantage qu'il y aurait à instituer un lieu public pour la vente du drap, où les consommateurs, établissant des comparaisons, pouvaient juger avec plus de certitude les différences du prix et de la qualité. Il fit en conséquence jeter les fondations d'une halle dans la rue de St-Johan Strée aujourd'hui Féronstrée. Mais ceux du lignage de St-Servais qui étaient les principaux

(¹) Dans Chapeauville, *Gesta pontificum leod.*, t. I, p. 269.

marchands d'étoffes de la ville, voyant que cette construction allait leur porter un grand préjudice, voulurent s'y opposer et épouvantèrent tellement les ouvriers par leurs menaces que ceux-ci abandonnèrent l'*atelier.*

C'était un jour d'été dans la saison des roses. Louis Surlet étant, dans l'après midi, allé voir l'ouvrage, trouva ses ouvriers inactifs et apprit d'eux ce qui s'était passé. Aussitôt il fit crier publiquement que tous les charpentiers de la ville eussent à venir travailler à la halle sous peine d'une grosse amende. Lorsqu'ils furent réunis il leur mit à chacun un chapeau (couronne?) de roses sur la tête et leur ordonna de travailler avec diligence, les assurant que personne n'oserait désormais les interrompre dans leurs besogne ([1]).

Ce bâtiment qui comme toutes les constructions de cette époque était en bois fut détruit en 1212 lorsque le duc de Brabant pilla Liége et tous les draps qui s'y trouvaient furent enlevés ([2]). Mais il fut bientôt remplacé par un autre destiné au même usage, car la halle de Liége est citée dans une charte de 1225 ([3]).

Une autre charte de l'an 1249 prouve que les liégeois continuaient leurs relations avec l'Angleterre ([4]) ; elle n'indique pas la nature des produits qu'ils en tiraient, mais on peut conjecturer que c'était principalement de la laine. Hemricourt nous apprend en effet qu'il y avait alors des marchands de laine d'Angleterre dans la cité ([5]).

On peut juger par le fait suivant comment, alors comme au-

([1]) Hemricourt. *Miroir des nobles de la Hesbaye,* édit. Jalheau, p. 250.

([2]) Foulon. *Historia eccl. leod.* — Polain. *Esq. hist.* 53.

([3]) *Inventaire des chartes de St-Lambert,* par M. Schoonbroodt, nᵒ 48. Elle devint dès 1244 un lieu de réunion pour les assemblées du peuple, ainsi que le couvent des ff. mineurs, le pré l'Evêque, les Dominicains et la halle des vignerons. (Loyens, *Recueil héraldique,* ms. aux archives de Liége, p. 23.)

([4]) V. les documents inédits, nᵒ I.

([5]) Henry de Noevis... s'estoyent marchans de laynes d'Angleterre et de toute denrées. (*Miroir des nobles,* etc., p. 277).

jourd'hui, les circonstances politiques influaient sur le prix des marchandises et combien le commerce devait avoir à souffrir dans cette époque de rivalités et d'agitation que l'on appelle le moyen-âge : Édouard, roi d'Angleterre, n'ayant plus d'argent pour payer ses alliés dans la guerre qu'il avait soutenue contre Philippe, roi de France (1340), proposa à Renaud de Maxhurée, Liégeois de la maison de Limbourg envoyé par le duc de Juliers pour toucher sa solde, de prendre de la laine en paye- ment. Celui-ci, sachant que cette denrée était très-chère à Bruges depuis le commencement de la guerre, à cause de l'in- terdiction du commerce entre l'Angleterre et la Flandre, accepta au nom de son maître et reçut en retour de riches cadeaux de la munificence royale. Après s'être procuré de la laine pour l'entièreté de la somme qui était due au duc, il se fit donner un sauf-conduit et une exemption des droits de douane, et alla vendre sa cargaison à Bruges. Il en retira trois fois le prix qu'il l'avait estimée et réalisa un bénéfice de 6,000 réaux. Puis ayant été trouver le duc, il lui déclara qu'il n'avait obtenu en paye- ment du roi que de la laine, dont il ne pourrait se défaire qu'à perte. Le duc, qui avait besoin d'argent, lui ordonna de vendre à quelque prix que ce fut, et le rusé Liégeois gagna encore de cette façon 2,000 réaux ([1]).

Le pays de Liége produisait toutefois aussi cette matière et y était, de même que l'élève du bétail, paraît-il, une source assez abondante de revenus. C'est encore l'auteur du *Miroir des nobles de la Hesbaye*, qui nous apprend ces circonstances, en parlant de Guillaume Malclerc, seigneur de Hemricourt, qui vivait vers 1250.

Ce bon seigneur ne cherchait pas à s'enrichir, au contraire; comme il était fort brave, il dépensait tout son argent, engageait ses terres, ses joyaux et sa vaisselle pour aller guerroyer au

---

[1]) Hemricourt. *Miroir des nobles de la Hesbaye*, p. 55.

loin. Mais en son absence, sa femme économisait et rachetait
en secret ses domaines.

Un jour, revenant d'un grand tournoi qui avait eu lieu entre
Juliers et Aldenhove, quelques chevaliers étrangers l'engagèrent
à retourner chez lui par Maestricht, pour jouir de sa compagnie.
Comme il se dirigeait vers Hemricourt en longeant le Geer, il
vit dans les pâturages d'Orey un beau troupeau de brebis, et
ayant demandé au berger à qui il était, celui-ci lui répondit qu'il
appartenait à Madame de Hemricourt; ce qui l'étonna beaucoup.
Continuant de chevaucher vers Moumalle, il rencontra un second troupeau qui, d'après les renseignements qu'il prit, appartenait aussi à sa femme. Alors il fit réflexion que puisqu'il avait
par hasard trouvé sur son chemin deux troupeaux qui étaient à
sa femme, elle pouvait en avoir en grand nombre ailleurs, ce
qui le surprit encore davantage, et partant lorsqu'il revint chez
lui, il lui dit : Dame, j'ai dépensé tout mon bien, ce me semble ;
mais ainsi n'avez-vous pas fait du vôtre; vous avez le nom
d'être riche et moi d'être pauvre et endetté. — La bonne dame,
qui l'aimait et le craignait tout ensemble, affligée de ce langage,
lui répondit : Certes, doux sire, Dieu nous a bien gardé de
pauvreté, louange à lui; vous ne pouvez être pauvre sans moi,
ni moi riche sans vous. — Alors le seigneur de Hemricourt, la
voyant affligée, lui dit en riant : Dame, je viens de trouver sur
mon chemin deux beaux troupeaux de moutons qui sont à vous,
d'après ce que les bergers disent, mais comme je ne veux pas
perdre ma part, trouvez bon, s'il vous plaît, la déclaration que
je vous fais ici. — Quand la dame vit que ce discours tendait à
la consoler, elle dit à son mari d'abondance de cœur : Cher
sire, vous n'avez pas encore vu tout ce qu'il y a ; ne vous tour-
mentez pas de votre état, car vous ne fûtes jamais si riche; j'ai
racheté tous vos héritages engagés avec des vaches et des
brebis. Autant vous avez du plaisir à acquérir l'honneur du
monde auquel j'ai part avec vous, quoique vous en ayez seul les
blessures et les fatigues, autant en ai-je d'épargner pour fournir

à vos dépenses. — Alors, pour la première fois, le sire de Hemricourt apprécia la conduite de sa femme ; depuis lors, il l'aima pour sa loyauté, l'honora de plus de confiance, et, dit l'écrivain, continua encore mieux sa vie (¹).

On n'admettra pas volontiers, sans doute, qu'un commerce, probablement assez étendu, de laines anglaises et nationales, existait à Liége, sans en conclure que ces laines y étaient aussi, dès lors, travaillées ; mais, sans vouloir rien décider à cet égard, nous ferons observer que les magasins de la capitale pouvaient être simplement destinés à alimenter la fabrication des villes voisines. Du reste, comme nous l'avons dit, ce n'est réellement qu'à partir du XIVᵉ siècle que l'on peut constater d'une manière certaine l'existence de l'industrie drapière à Liége.

Les historiens rapportent qu'en l'an 1300, des manufacturiers de Gand, chassés de chez eux par des troubles civils, vinrent s'installer à Verviers. Les fabriques de drap de cette ville prirent alors un si grand accroissement, que deux ans après ses habitants demandèrent à Adolphe de Waldecq le droit de pouvoir vendre librement leurs produits dans les halles de Liége, car à cette époque il en existait deux, dont une près du Marché, contre le Palais des évêques. Mais le prince mourut sur ces entrefaites et la négociation fut interrompue (²).

En 1323, les Verviétois renouvelèrent leur demande ; les drapiers de Liége, craignant la concurrence et déjà animés de cet esprit d'égoïsme qui caractérise le système des corporations, unirent leurs efforts pour empêcher cette concession. Mais leur opposition échoua devant la décision favorable du prince et des magistrats de la cité, qui, remarquons-le à cause de l'époque, favorisèrent les intérêts généraux de la masse du

(¹) Hemricourt. *Miroir des nobles de la Hesbaye*, p. 119. Notons, toutefois, en passant, que la laine de la Hesbaye est la plus mauvaise du pays.

(²) Detrooz. *Hist. du marquisat de Franchimont.*

peuple, au détriment des intérêts privés de quelques fabricants. Adolphe de la Marck crut en même temps nécessaire de régler la vente des étoffes, dans le but de protéger l'industrie, naissante peut-être des Liégeois, et de prévenir les fraudes de la part des étrangers. C'est ce qu'il fit par la *Lettre des halles* datée du 1er février 1323. Il importe d'examiner ce document en détail.

Nous y remarquons d'abord une mesure d'ordre en ce que la grande halle de Féronstrée est exclusivement consacrée aux fabricants de la ville, celle du Palais aux marchands de draps étrangers ; ensuite une mesure d'utilité publique, en ce qu'il est défendu de débiter du drap *en détail* ailleurs que dans ces deux halles. Chaque jour avant l'heure où elles sont ouvertes aux chalands, des officiers du prince vont y examiner les draps apportés pour la vente et appliquent à ceux qu'ils jugent convenablement travaillés une marque en plomb (¹) ; de cette manière les intérêts des acheteurs sont sauvegardés et ils peuvent acheter de confiance. C'est l'idée de Louis Surlet généralisée et érigée en principe.

Les fabricants de la ville peuvent vendre chez eux des *pièces entières ;* en effet, par cette mesure, la bonne foi ou l'inexpérience du *pauvre peuple* ne peuvent être trompées : ce ne sont en général que les marchands qui achètent des pièces entières pour les revendre en détail ; ils sont compétents pour juger de la valeur des étoffes et connaissent les fabricants auxquels ils s'adressent. Les mêmes officiers du prince sont du reste chargés de faire la visite de tous les draps manufacturés à Liége, lorsqu'ils pendent aux rames au sortir des fouleries et de faire une coupure dans ceux qu'ils trouvent défectueux.

Il n'en est pas de même des pièces entières de drap étranger introduites en ville pour être vendues. Celles-ci n'ayant pas été

(¹) Cet usage, qui n'est pas exprimé dans la *Lettre des halles*, ressort d'autres documents.

surveillées par les rewards pendant la fabrication, ne peuvent se débiter, en gros ni en détail, dans les maisons particulières ou sur les places publiques. Elles doivent être transportées immédiatement à la halle du Palais, où elles subissent la visite avant d'être mises à la disposition des acheteurs. Ce drap doit, par la façon dont il est plié, porter l'indication de l'endroit où il a été fait, et le propriétaire est obligé, sous peine d'amende, de déclarer à l'avance aux chalands s'il est fait de déchets de fabrique (*pennes*).

Les bourgeois qui hébergent des marchands étrangers doivent les dénoncer s'ils apprennent qu'ils concluent des marchés en dehors de la halle. Disons en passant que le commerce de ces étoffes étrangères devait être important, puisque la halle du Palais était ouverte tous les jours depuis le matin jusqu'au soir.

Il est défendu aux tailleurs, tondeurs et courtiers d'amener des pratiques à un marchand et de recevoir de celui-ci une rémunération.

Ces règles établies, il fallait s'assurer qu'elles seraient observées et leur donner une sanction. A cet effet, Adolphe de la Marck ordonne la formation d'un Conseil composé de six hommes qu'il constitue gardiens de la *Lettre des halles*. Ces officiers s'appellent *wardans delle drapperie*. Comme ils avaient dans leurs attributions le double caractère d'experts et de juges, qu'ils surveillaient en même temps les intérêts de la Commune et ceux des drapiers marchands ou fabricants, deux d'entre eux étaient choisis par les maîtres de la cité parmi les jurés du Conseil, deux autres par les halliers et les deux derniers par les drapiers, chacun parmi ses confrères. Immédiatement après leur élection, qui devait avoir lieu chaque année le premier jour de février, ils étaient mis en féauté par les deux maîtres-à-temps.

Nous avons déjà signalé en passant quelques-unes de leurs fonctions : la surveillance sur la fabrication des étoffes faites en ville et l'examen des draps manufacturés amenés du dehors. C'étaient eux aussi qui fixaient le prix du drap en cas de contestation, qui avaient la police des halles et qui infligeaient les amendes; ils avaient à leurs ordres un valet et pouvaient même requérir un des *menesteriers* de Liége ou un des quatre valets des maîtres de la cité pour signifier leurs sentences aux compagnons, leur ordonner de payer en tiers jour ou en exiger caution, à défaut de laquelle ils avaient même le droit de mettre le délinquant en interdit en lui défendant tout travail. Leurs décisions étaient inappellables ; seulement à la fin de leur année ils devaient rendre compte de leur gestion en présence de plusieurs députés de l'évêque et du Conseil de la cité. Ils participaient pour un tiers dans le produit des amendes (¹).

La *Lettre des halles* ne peut nous donner une idée exacte de ce qu'était en 1323 la corporation des drapiers. Et d'abord ceux-ci formaient-ils déjà alors une corporation? Rien ne l'indique dans le document que nous venons d'examiner et la qualification de métier ne s'y rencontre même pas. Toutefois, elle apparaît six ans après dans un acte que nous aurons à analyser plus loin, et ceci suffit pour prouver que l'association des drapiers existait depuis 1307 et qu'elle faisait partie des 25 tribus établies cette année après la publication de la paix de Seraing, par Thibaut de Bar. En effet, l'histoire ne mentionne aucune formation de métiers à partir de cette date jusqu'en 1418.

Toutefois, s'il faut admettre que la corporation des drapiers existait dès 1307, nous devons déclarer aussi que jusqu'en 1330 elle ne se manifeste comme telle dans aucun acte public; et ce fait qui, au premier abord, paraît étrange, s'explique selon nous facilement. En effet, la division de la commune en 25 métiers, qui paraît dater dè la paix de Seraing, avait pour but non pas de protéger les intérêts industriels et commerciaux des artisans, mais d'organiser toute la population liégeoise en compagnies militaires, dans un but purement politique.

(¹) Documents inédits, n° II.

Nous pouvons donc assurer que, comme corps industriel, les drapiers n'ont pas encore revêtu leur forme caractéristique ; ils n'ont pas même de chefs spéciaux. Les gouverneurs des métiers invoqués dans la *Lettre des halles* ne peuvent être entendus dans ce sens, et l'article 5 de la paix de Geneffe de 1331 nous fait croire que cette désignation s'appliquait à deux personnes chargées de l'administration de toutes les corporations réunies ; le pouvoir étendu dont elles devaient être investies fut cause de leur abolition : car cette paix déclare que « deux chefs ne pouvant être profitables à un état et les deux maîtres-à-temps suffisant pour le gouvernement de la ville, les deux maîtres gouverneurs qui soloient y estre en ladicte cité seront désormais abolis. » Elle ajoute que chaque métier pourra choisir, si cela lui convient, des wardains chargés de le « gouverner et maintenir. »

Nous voyons, il est vrai, qu'en 1323, des officiers spéciaux vont être créés pour administrer toutes les affaires relatives à la vente et à la fabrication du drap et même exercer sur les compagnons une certaine juridiction ; mais ces officiers, connus aussi sous le nom de wardains, ne sont pas les représentants des drapiers ; loin d'être choisis par la corporation pour défendre ses priviléges, ils sont établis par ordre du prince, et plutôt dans le but de surveiller les intérêts du peuple. L'étendue de leur autorité est une preuve nouvelle de l'absence de gouverneurs particuliers. Les maîtres gouverneurs des métiers, qui existaient encore, administraient probablement les affaires générales ; mais il nous est impossible de déterminer leur part respective de juridiction (¹).

Si nous cherchons le motif de la lenteur avec laquelle le métier des drapiers s'organisa, nous le trouverons probablement dans l'existence des deux classes hostiles de compagnons

---

(¹) Peut-être les fonctions des deux maîtres gouverneurs étaient-elles purement militaires.

qui le formaient. D'une part, les marchands, d'abord prépondérants *(halliers)*, de l'autre, les fabricants *(drapiers)*, qui établissent une lutte avec ceux-là et tâchent d'étendre leurs opérations. Cette distinction est parfaitement établie dans la *Lettre
des Halles*.

Il nous paraît certain qu'alors encore le commerce du drap
était beaucoup plus important dans notre ville que l'industrie
elle-même. Peut-être les marchands drapiers formaient-ils,
comme dans les cités flamandes, une espèce de gilde à l'exclusion des simples artisans qu'on appelait *les hommes aux mains
sales*. Toujours est-il que ce commerce enrichissait en peu
d'années les bourgeois qui s'y livraient, à tel point que plusieurs
d'entre eux, au dire de Hemricourt, menaient la vie des grands
seigneurs et s'alliaient aux plus nobles familles du pays. L'auteur
que nous venons de nommer ne cite pas un seul fabricant de
drap dans son long ouvrage, tandis qu'on y rencontre souvent
des marchands d'étoffes, entre autres ce Nicolas Flockelet « le
plus agréable fils de bourgeois qui fut de son temps à la ville de
Liége, qui estoit marchand d'étoffes et faisoit profession des
armes, cherchant partout les occasions de s'en servir »; Jean
de Metz, aussi marchand d'étoffes, qui épousa vers 1350 Oude,
fille de Raes de Warfusée; les Festeau dits du Jardin, parce
qu'ils habitaient le fief de ce nom, devant les frères Mineurs, et
qui firent tous de brillants mariages (¹).

Quant à l'industrie drapière, elle semble encore être dans
l'enfance à Liége et restreinte à la fabrication de trois espèces
d'étoffes : le drap uni *(plain drap)*, le drap rayé *(royé)* et le drap
à carreaux *(dighedunes)* (²). La longueur de la pièce de chaque

---

(¹) Hemricourt. *Passim.*

(²) A cette époque et pendant bien longtemps encore tout le travail se faisait à la
main. Le filage particulièrement avait lieu dans les familles ; le manufacturier distribuait un certain nombre d'échets à des ouvriers qui les rapportaient filés. C'était
un travail facile auquel se livraient en guise de passe-temps, les dames de la plus
haute distinction. (Hénaux. *Hist. de la ville de Verviers.*) Il était du reste exclusive-

sorte d'étoffe est déterminée ; c'est le premier article réglementaire, prédécesseur de tous ceux qui, dans la suite, entravèrent le libre essor de l'industrie. La pièce entière de drap uni devait mesurer 32 ou 38 aunes ; le drap rayé 40 aunes ; le drap à carreaux, 38. Ces mesures, que nos fabricants empruntèrent probablement aux Flamands, étaient sans doute fixées pour la facilité des rapports commerciaux ; en effet, ces règles une fois adoptées, exigées même et connues de tous, il n'était plus nécessaire de mesurer chaque pièce pour connaître sa contenance ; l'acheteur était en même temps garanti contre la fraude ou l'erreur. La différence établie entre la longueur des pièces d'étoffes diverses était nécessitée par la nature et la qualité du tissu ; les fils plus ou moins forts de la chaîne permettaient de donner plus ou moins de longueur à ceux de la trâme ; les pièces les plus courtes étaient nécessairement les plus solides. C'est pour ce motif que le drap uni, réputé le meilleur et généralement réservé aux ecclésiastiques et aux magistrats, était plus court que le drap rayé employé par les bourgeois et par le peuple ; étant moins solide, il était aussi moins cher.

Au moyen-âge, chacun s'habillait suivant sa condition, et les différentes classes de la société se distinguaient facilement par la qualité, la forme et la couleur des vêtements. Les nobles y déployaient un grand luxe : ils portèrent longtemps, comme un apanage exclusif de leur haute naissance, le drap écarlate, la soie et le velours ; leurs signes distinctifs étaient surtout les riches fourrures, les ornements en or et en pierreries.

Quoique, suivant la tradition, Charlemagne eût permis aux bourgeois de la cité, en les créant tous nobles, de porter gris et verd (vair), c'est-à-dire de l'hermine et d'autres pelleteries spécialement affectées aux chevaliers, il n'en est pas moins certain

ment réservé aux femmes : les chroniqueurs racontent que lorsque St-Bernard vint prêcher les croisades à Liége, on mettait une quenouille entre les mains de ceux qui montraient de la tiédeur à prendre part à la sainte expédition.

que l'usage général du peuple était de se vêtir de serge ou de drap rayé ; *être dans les draps royés* voulait dire que l'on était rangé dans la classe des bourgeois.

Contrairement aux vieilles cités flamandes, la nôtre est pauvre en miniatures et en peintures anciennes ; on ne trouve aucune description détaillée des habits de nos ancêtres. Les testaments du XVe siècle nous fournissent les noms de quelques-uns d'entre eux ; mais il reste à en expliquer la forme et l'usage.

Le costume des simples bourgeois et bourgeoises paraissait du reste être fort simple et généralement de couleur sombre. C'étaient pour celles-ci « des cottes de drap de piere, de violette, de wastarde, de fustaine, de melleit, de skerlat, de bonnette, etc., fourées de gros ver, de ratte de meir, de soie ver ou de conin ; des rouges cottreals ; des rauches et madonnets de cotton ; des heukes de sawine ou de brunette fourées de wachet ; des houppelandes vertes ou grises à petites ou à grandes manches, » etc.

Des pierres tombales dont les dessins nous ont été conservés par Del Rey, d'autres pierres encore conservées dans les églises, les descriptions données par quelques auteurs, entre autres par J. B. de Glen, enfin beaucoup d'anciens tableaux pourraient être utilement mis à profit pour dessiner une galerie de personnages représentant les costumes de nos ancêtres à différentes époques et dans leurs diverses qualités. Mais cette galerie, qui serait sans aucun doute fort intéressante, demanderait de longues et minutieuses recherches.

Le costume des ecclésiastiques était, comme nous l'avons dit, de drap uni et probablement noir ; sa forme était déterminée par des statuts synodaux. Mais comme la plupart des chanoines surtout ceux de la cathédrale étaient nobles, beaucoup d'entre eux conservaient en dehors des églises des vêtements de toutes couleurs et de toutes formes. Témoin Guilleaume de St-Martin dit de la Rose, chantre de Saint-Denis, « qui était magnifique et plus richement vêtu que pas un chanoine des églises collégiales

de Liége. » Témoin encore Jean d'Ile, surnommé le Bel, le
célèbre chroniqueur, qui fut le maître de Froissart, et dont
Hemricourt parle avec tant d'admiration : « Ce chanoine de la
cathédrale était, dit-il, un homme de belle taille et toujours
richement vêtu, choisissant des étoffes comme celles qu'on
voyait aux bannerets. Ses habits qui, selon la saison, étaient
doublés d'hermine et d'autres fourrures, s'attachaient sur les
épaules au moyen d'agrafes chargées de pierres fines et de
boutonnières de perles. Ses chaussures aussi ressemblaient à
celles des chevaliers. Chaque année, il distribuait à ses parents
et à ses amis 48 paires de robes d'écuiers et 5 paires de robes
garnies de fourrures pour trois chanoines et deux chevaliers (¹). » Recevoir ainsi des habillements de quelqu'un, dit
M. Henaux, porter ses couleurs, c'était, selon l'expression
d'alors, *être à ses draps*, c'est-à-dire être de son intimité, être à
son service (²).

La recherche que les clercs mettaient dans leurs costumes
devint à la fin un scandale. En 1360, tous les Chapitres de la
ville s'unirent pour les ramener à une forme plus modeste
et défendre sous peine d'amende aux prêtres de porter des vêtements de couleurs variées, d'étoffes rayées ou mi-parties,
c'est-à-dire la moitié d'une couleur et l'autre d'une autre,
comme c'était l'usage au XIVᵉ siècle chez les gens riches ; de
les faire orner de plis, de frisures et de crevés, avec des boutonnières et des nœuds de soie, d'argent ou d'or ; de se couvrir
avec d'élégants capuchons noués de longs rubans et entretaillés
autour de la figure ; de porter en public des brodequins à
longues pointes, entièrement rouges ou verds ou de plusieurs
couleurs ; de mettre des manteaux à manches, etc. (³).

(¹) *Miroir des nobles de Hesbaye*, pp. 261 et 158.

(²) *Hist. de la bonne ville de Verviers.*

(³) « Item prohibemus ne aliquis de dicto clero vestes aut togas partitas, rugatas
seu intercisas vel scalatas, caputiola cum coppis longis nodata sub gutture, intercisa

Lorsque l'industrie et le commerce eurent amené la richesse parmi les bourgeois, les plus opulents d'entre eux commencèrent aussi à s'habiller avec recherche et à imiter les chevaliers dans leurs costumes. Alors, pour conserver entre les différentes classes de la société une distance forcée et arrêter le développement excessif du luxe, les choses les plus simples de la vie ordinaire furent réglées par la loi ; nous en voyons un exemple dans un édit de 1294, porté par Philippe-le-Bel, roi de France, et conçu dans ces termes : « Nul bourgeois n'aura chariot ; bourgeois ni bourgeoise ne porteront verd ne gris, ne hermines, ceintures, couronnes d'or ni d'argent, ni perles, ni pierries précieuses ; aux grands banquets n'y aura qu'un mets et un entremets, et s'il est jeune, ne y aurat deux potaiges aux harens et deux mets, et n'y aurat d'autres mets que d'une sorte de chair ou de poissons. Quant aux habits et robes, les personnes selon leur qualité ne porteront draps qu'au pris que s'ensuit : les prélats et barons à 18 sols tournois ; les escuiers à 15 sols ; les pages à 7 sols ; les clercques nobles à 16 sols ; les autres clerques 12 sols ; les bourgeois selon leurs richesses à 10 et 12 sols tournois sur paine pécuniaire (¹). »

seu scissa circa oram, vel in coppis aut spatulis alligata, seu caligas differentes partitas vel rugatas aut etiam penitus rubeas seu viridi coloris necnon sotulares ad pompam seu lasciviam intercisas aut cum cuspide longa gracili et acuta publice deferat seu portet. Simili modo vestes quascumque argento, auro seu serico frisatas, ornatas aut contextas, necnon etiam vestes, togas, caputia seu alia quevis indumenta auro argentove nodata, seu botonata aut ornata deferri omnino prohibentes... Nullus insuper beneficiatus vel choralis publice cinctus desuper seu cum vestibus ante botonatis vadat, scilicet mantellis aut togis solum supra spatulas vel ante non protensius uno palmo, simplicibus et ejusdem panni nodis ac tunicis supra spatulam vel ante, sex ad plus, circa vero brachia usque ad cubitum et non ultra, altim notabiliter nodis seu botonibus nodatis seu botonatis utatur vel cum illis incedat, nec manicas quicumque circa wardecorsia deferat, si presbiter quarta ulne cum dimidia, si vero dyaconus, duabus quartis cum dimidia vel saltim brachio cum manu extensa deferat longiores. » Chartes de Saint-Lambert du 23 nov. 1363. V. l'*Inventaire* de M. Schoonbroodt, nº 773.

(¹) Gilles Corrozet. *Trésor des hist. de France* ; maître P. Quenoys. *La Conférence des ordonn. royales,* p. 675, cités par V. D. Berch, ms. des archives.

Ce ne fut que lorsque les patriciens, succombant dans leur lutte avec le peuple, perdirent le prestige du rang en même temps que le pouvoir, que l'égalité s'étendit jusque dans les costumes. Son règne ne fut toutefois pas tellement immédiat ni général que pendant plus d'un siècle encore on ne pût reconnaître par des marques extérieures les gens du peuple et les personnes appartenant aux classes élevées. Un écrivain belge, en exposant les causes des calamités qui affligeaient son époque, cite particulièrement le luxe des habillements parmi les bourgeois. J'allais oublier, dit-il, que par suite de l'affluence de l'or, il est devenu presqu'impossible de distinguer les nobles des hommes enrichis par le travail, qui affectent de porter les mêmes habits que les premiers et ne souffrent pas que vous les appeliez *maîtres ;* ils veulent être salués du nom de *Monsieur* (¹).

Mais nous nous sommes proposé d'étudier la draperie liégeoise, particulièrement au point de vue des corporations ; nous allons continuer l'examen des rares documents que nous avons découverts ou recueillis sur ce sujet et tâcher d'en tirer quelques conclusions ; si elles ne sont pas toujours justes, on doit tenir compte de la difficulté qu'on éprouve toujours lorsqu'on veut se rendre compte de tout et reconstituer un état de choses dont il reste à peine quelques traces, et je dirai avec Mélart : « Tousiours seray-je excusable qu'escrivant des choses vieilles où il faut aller la toise à la main, j'ai tasché de les tirer de leurs ténèbres ; et que l'on me verra avoir sué et ahanné en la compréhension très-difficile d'un langage presque non-intelligible, qui m'a souvent mis au désespoir de poursuivre la première esbauche en desseignée... On ne peut tirer de l'esthuy plus qu'il n'y a dedans. »

Lorsque l'industrie drapière commença à prendre quelque consistance dans la ville de Liége, les premières tentatives de

---

(¹) *Declaratio causarum calamitatum Belgicarum* a P. à S. Audomaro. Col. 1582, in-8.

fédération industrielle se manifestèrent chez les foulons; la nécessité en était cause. De même que les tanneurs, ces artisans se virent, croyons-nous, obligés de s'associer pour acheter à frais communs un moulin à fouler le drap. Quels arrangements avaient-ils pris pour pouvoir tous ensemble et chacun en particulier avec ses valets exercer leur industrie? Observaient-ils un tour ou travaillaient-ils simultanément dans différents quartiers du moulin? Nous ne pouvons le deviner. Comme dans les documents que nous avons sous les yeux, il n'existe aucune trace de concurrence entre les maîtres foulons, on pourrait croire que leurs intérêts n'étaient pas divisés et que chacun travaillait au profit de tous; mais alors pourquoi limiter, comme nous le verrons tantôt, le nombre des ouvriers et des lavages de chaque maîtres? Nous devons, dans tous les cas, supposer que dans le commencement ils étaient peu nombreux. Ils apparaissent dans un acte de 1325, comme réunis en Société et, malgré les mesures énergiques prises à cette époque contre les métiers par Adolphe de Waldecq, jouissant déjà du plus beau privilége qu'aient jamais obtenu les corporations liégeoises, celui de se réglementer eux-mêmes. Cette association porte même le titre de métier *(le mestir de folerie)*. On n'y voit encore figurer, il est vrai, aucun chef propre; ce sont les maîtres et les valets qui, ayant une discussion au sujet du salaire de ces derniers, s'entendent à l'amiable pour éviter des déchirements; chacune des deux parties contendantes choisit dans son sein deux arbitres qui, en présence des wardains institués par la *Lettre des Halles*, fixent le prix de la main d'œuvre des valets. Ce tarif arrêté, ils prient d'un commun accord ces mêmes wardains d'appendre au parchemin le *propre seal de leur draperie* pour lui donner force de loi.

Les wardains ont toujours la haute surveillance sur la fabrication; pour ne pas encourir la peine d'avoir fait un mauvais ouvrage, les foulons sont obligés d'aller leur montrer, avant de les soumettre à aucune préparation, les pièces de drap qu'ils reçoivent des tisserands lorsqu'ils les croient mal travaillées et impropres à un bon foulage; leur cercle d'action ne paraît pas s'étendre au-delà. Les arbitres profitent de leur autorité momentanée pour infliger des amendes contre l'ivrognerie et la passion du jeu; ils décident que, pour les cas imprévus, les maîtres et les valets feront de nouveau choix de quatre arbitres pour les juger; enfin ils défendent à chaque maître d'avoir à la fois plus d'un valet à son service (¹).

Le détail des différentes étoffes énumérées dans ce document n'est pas sans intérêt; il permet de constater un progrès notable dans l'industrie depuis deux ans; nous y ajoutons les dimensions et le prix du foulage tarifé à la pièce et non à la journée :
Pour un drap dikedunne de 40 aunes, 8 sous tournois.

   » rayé » 6 » moins 2 deniers.
   » mêlé ou à fleurs (pour doublure?) de 40 aunes, 5 » » 3 »
   » mêlé ou à fleurs, 30 » 4 » 2 deniers.
   » dapreis (diapré), 40 » 4 » ·7 »
   » gros drap bleu ou blanc, » » 4 »
   » drap mêlé, 28 » 4 »
   » » bleu, 32 » 3 » 5 »
   » » à 2 envers à 1 corois, 32 » 3 » 5 »
   » » à 2 envers à 2 corois, » » 4 » 2 »
   » gros drap blanc (hanscotte?), 32 » 3 » 5 »

(¹) Cette défense montre qu'il est impossible d'admettre l'assertion de Loyens, lorsqu'il dit que Jacque Jaquemont dit Cockial, hallier, maître à temps de la cité en 1343, entretenait seul dans la manufacture de draps 5 à 600 ouvriers (*Recueil héraldique des bourgmestres de Liége*, p. 66.)

Pour un drap scafare à floches

        (ratine?), de 40 aunes 4 sous 6 deniers.

  »   scafare à floches 32   »   4 »

  »   demi dikedunne,   8 » 7   »

  »   deux pièces formant un

        drap entier,   7 » petits, plus le prix

d'un drap entier.

Pour toute pièce de drap rayé, de skafaires à floches et de demi-drap, 2 sous 1 maille par aune.

Pour toute pièce de dikedunne et de demi-drap, 3 petits tournois par aune.

Pour une scafare scrawée, 16 tournois.

  » deux   »   32   »

Pour remostreir (recoudre les trous? repasser?) et mettre aux rames un drap de 40 aunes, 8 sous.

Pour remostreir et mettre aux rames un drap de 32 aunes, 7 sous.

Pour scureir (rincer?) digedunne, 7 petits.

Pour tout autre drap, 3 tournois.

Pour fouler un plein drap de 7 à 10 aunes, 3 mailles par aune.

Pour raparelhier (donner l'apprêt, plier?) un drap de 40 aunes, 8 tournois.

Pour rapareilhier un drap de 32 aunes, 7 tournois.

Pour mettre un dikedunne aux rames, 7 sous tournois.

  »   drap rayé   »   6 » petits.

Pour fouler un drap mêlé et à fleur de 24 aunes, 3 1/2 sous.

  »   »   à 2 envers à 1 corois, de 40 aunes, 4 sous.

  »   »   »   2   »   » 4 s. 9 d.

Quant aux draps ou scafares anglais (étoffes que l'on recevait non préparées), ils s'arrangeront comme ils l'entendront [1].

D'après les termes de la lettre, ces prix devaient être observés

---

[1] V. Documents inédits, n° III.

à toujours. Mais vingt-sept ans après, les mêmes difficultés surgirent entre les maîtres foulons et leurs ouvriers, et il fallut faire un nouvel accord en tous points semblable au précédent, quant au mode de procéder. Le salaire des valets fut fixé comme suit :

Pour fouler un dighedonne teint en gris, 14 sous 6 deniers.
Pour l'embroyer . . . . 16 »
Pour le mettre aux rames ou appareiller . . . 12 »
Pour fouler un dighedonne mêlé alle verge, 12 s. 6 »
Pour l'embroyer . . . . 12 »
Pour le mettre aux rames . . . . 11 »
Pour l'appareiller . . . . 11 »
Pour fouler un dighedone bleu et blanc, 11 s. 6 »
Pour l'embroyer . . . . 12 »
Pour le mettre aux rames . . . . 11 »
Pour l'appareiller . . . . 11 »
Pour fouler un plein drap bleu et mêlé de 40 aunes, 6 sous.
Pour l'embroyer . . . . 8 deniers.
Pour le remostreir . . . . 12 »
Pour le mettre aux rames . . . . 12 »
Pour l'appareiller . . . . 11 »
Pour fouler 2 demies dighedonnes mêlés, 13 s. 6 »
    »   »   rayés, 10 »
Pour les embroyer . . . . 10 »
Pour les mettre aux rames . . . . 10 »

    Toutes les étoffes ci-dessus étaient fabriquées avec de la *laine majesté*.
Pour fouler un scafar à floches . . . . 9 sous.
Pour l'embroyer . . . . 7 deniers.
Pour le mettre aux rames . . . . 8 »
Pour l'apareiller . . . . 8 »
Pour fouler deux demi dighedonnes bleus et blancs, 12 s. 6 d.

Pour fouler un scafar scrowé . . . . 6 deniers.
Pour l'embroyer. 4   »
Pour le mettre aux rames. 8   »
Pour fouler une pièce dighedonne laine majesté, 5 d. par aune.
    »   de plain drap 4   »
    »   de scafar à floches . . 4   »
Pour fouler un drap à 2 envers et à 1 corois . 4 sous.

Les maîtres ne peuvent, sous peine d'amende, donner moins, ni les valets exiger davantage que les prix stipulés.

De même que les arbitres de 1325, ceux de 1352 ajoutent, en forme d'ordonnance, les quelques dispositions qui suivent :

Les maîtres foulons ne peuvent faire crédit aux drapiers dont ils ont foulé le drap, ni leur faire remise de leur salaire.

Il leur est défendu à eux et à leurs valets de faire plus de trois lavages par semaine.

Les valets ne peuvent emprunter de l'argent à leurs maîtres ni ceux-ci leur en prêter, à moins qu'ils soient malades ou dans le besoin. Ils ne peuvent quitter leurs maîtres sans motifs ni leur faire tort en allant travailler chez d'autres.

Enfin cette lettre ordonne l'institution de quatre députés annuels, deux maîtres et deux valets foulons, chargés de faire observer ces statuts (1).

Nous ne comprenons plus la portée de toutes ces défenses; elles tendaient sans doute à maintenir l'ordre dans la société et à empêcher la trop grande prospérité d'un seul au détriment des autres; c'était l'étroit et cependant charitable principe qui dominait le système des métiers : « Il faut que le petit puisse vivre delez le grand. » On se demande aussi si les tarifs établis concernaient les drapiers tisserands ou si, chose peu probable, ceux-ci devaient encore faire avec les maîtres foulons un arrangement particulier.

(1) V. Documents inédits, n° VI.

Un troisième accord, fait pour durer douze ans, nous apprend que le premier mode était en usage en 1435 ; mais alors il ne s'agit plus de maîtres ni de valets ; il y est stipulé que les drapiers payeront aux foulons :

6 livres pour un drap commun.

3 » 1/2 » de 22 aunes, et 5 sous pour chaque aune qu'il aurait en plus.

7 livres 7 sous pour un drap gris de Vilermostier ou bleu. Les drapiers non enrôlés sous la bannière du métier pour le service militaire payaient 3 sous de plus par drap, parce que, sans doute, ils pouvaient mettre à profit le temps que les autres compagnons consacraient au service (¹).

Enfin un quatrième arrangement pris à l'expiration du terme fixé en 1423, termine cette série de documents relatifs au salaire des foulons. Il est fixé à 8 livres pour chaque drap fait de grayt mons, de fleur, de koxhe, de simple gris ; à 9 livres pour les draps mêlés, gris ou bleus ; à 10 livres pour les draps faits de hoppe de laine, quelle que soit la laine qu'on y eut employée. Les wardains des drapiers et des foulons réunis examinent les draps foulés, peuvent faire retravailler une pièce qui laisserait à désirer et même interdire les ouvriers récalcitrants. Pour faciliter les opérations, le métier décide que tous les draps devront avoir la même longueur : 42 aunes pour les pièces entières, 22 aunes pour les demi-pièces (²).

Les deux derniers actes, quoique de la même nature què les deux premiers, émanent du *métier des drapiers,* dénomination qui apparait pour la première fois en 1330 ; celle de *métier des foulons* se rencontre toutefois encore en 1352 ; d'une part le métier des drapiers semble se substituer à celui des foulons, d'autre part ils paraissent subsister l'un à côté de l'autre sans avoir rien de commun. Faute de renseignements positifs nous

(¹) Documents inédits, n° XI.
(²) Documents inédits n° XII.

ne pouvons expliquer ces contradictions apparentes sans recourir à une hypothèse que, malgré nos scrupules primitifs, nous avons fini par admettre. Nous croyons donc que les premiers maîtres foulons, c'est-à-dire les premiers propriétaires du moulin, étaient les tisserands ou drapiers de la cité eux-mêmes; les valets qui figurent dans les actes de 1325 et 1352 étaient les vrais foulons, ceux qui travaillaient au moulin sous la dépendance des drapiers. De cette façon la difficulté que nous avons signalée au sujet des tarifs disparaît; ils établissent les rapports de tisserands à foulons, de maîtres à ouvriers. Le moulin devant également servir à tous les drapiers, on comprend dès lors aussi le motif qui a fait défendre à chacun deux d'avoir à son service plus d'un valet et de faire plus de 3 lavages par semaine; on comprend encore pourquoi les maîtres de foulerie s'arrogent le droit de fixer des statuts relatifs à la tisseranderie; enfin la disparition, sans cela inexplicable, du métier des foulons qui ne figure pas sur la liste des 32 métiers de Liége, n'est plus un mystère, c'est une simple transformation ou plutôt un changement de nom; la dénomination particulière qui rappelait l'origine de l'association industrielle fut abandonnée pour une appellation plus générale qui comprenait sous elle toutes les opérations de la fabrication du drap: le tissage, le foulage et la teinture.

L'acte de 1330 que nous avons cité tantôt, vient encore confirmer cette opinion; il nous montre les drapiers réunis achetant à des particuliers un terrain, rue Hors-Château, pour y étendre sur des rames les étoffes au sortir de la foulerie: jusque là chaque drapier avait sans doute ses rames particulières et se servait comme il l'entendait soit de son jardin, soit de son grenier comme cela se pratiquait encore en 1585. L'acquisition de rames communes faite au profit de tous et ayant sans doute pour but de faciliter aux wardains l'inspection des étoffes indique l'accroissement d'importance du métier. L'initiative prise par les drapiers dans un objet qui parait être uniquement du ressort des

foulons preuve que ceux-ci ne faisaient qu'un avec ceux-
là (¹).

Vers la même époque la corporation devenait propriétaire de
la halle de Féronstrée bâtie par Louis Surlet: nous trouvons
en effet en 1334 un accord extrêmement curieux fait entre les
drapiers et un ardoisier pour en couvrir le toit (²). Ce devis, le
plus ancien que nous connaissions, est parfaitement redigé et
pourrait encore servir de modèle aujourd'hui. Tout y est prévu
et réglé; la carrière qui doit fournir les ardoises; le poid des
clous; le nombre de cloux qu'il faut mettre à chaque ardoise;
le jour où l'ouvrage doit être commencé et celui où il doit être
fini. L'entrepreneur doit livrer comme caution un millier de
clous; il recevra en payement 270 livres: 36 le jour où il amè-
nera sur les lieux 11 à 12 mille ardoises; 36 deux ans après et
le reste lorsque tout sera terminé (³).

C'était à la halle, dans une pièce du rez de chaussée, que
devait se vendre toute la laine introduite en ville. Le métier
louait au plus haut offrant le droit de peser la laine vendue ; le
fermier, qui s'appelait l'*usinier delle halle*, y avait son logement,
était chargé de l'entretenir, d'ouvrir et de fermer les portes aux
heures fixées; il lui était défendu de sous-louer le bâtiment en
tout ou en partie, d'exiger pour le pesage au delà du prix con-
venu et de remplir d'autres fonctions dans le métier pendant
toute la durée de son bail (⁴).

Quelques années plus tard la corporation, évidemment en voie
de prospérité, trouve le moyen d'acheter un moulin à fouler,
sans doute le même que celui dont elle se servait auparavant,
mais qu'elle ne possédait qu'à titre de rendage; il appartenait

(¹) Documents inédits, nᵒ IV.

(²) Documents inédits, nᵒ V.

(³) Les mille ardoises couvrent la petite verge de Sᵗ-Lambert, 16 pieds sur
16 = 256 pieds carrés.

(⁴) Documents inédits , nᵒ VIII.

alors à Raes de Haccourt échevin de Liége, et était situé sur la
Meuse entre Beaurepart et la Boverie ([1]).

Lorsque les drapiers se virent en état non-seulement de fournir à la consommation de leurs concitoyens, mais même d'ex-
porter leurs produits au loin, ils cherchèrent à étouffer le plus
possible chez eux la concurrence des étrangers; or, il existait à
Liége, deux foires annuelles où, suivant l'antique habitude, on
vendait surtout des étoffes; ces foires faisaient aux drapiers de
Liége un tort immense, parce qu'il leur était défendu d'y étaler
leurs draps et que, dans les temps de fête, on se laissait très-
facilement entraîner à faire des achats, soit à cause de la
variété et de la nouveauté des étoffes, soit à cause de leur prix
avantageux. L'évêque Englebert de la Marck ne pouvait, pour
protéger l'industrie nationale, abolir sans exciter des murmures,
ces deux foires considérées comme des privilèges de la nation ;
mais il en supprima une ou plutôt les remplaça toutes deux par
une foire générale qui devait se tenir en Gravioule ; il exigea de
plus que toutes les marchandises étrangères amenées par les
marchands fussent soumises à leur entrée à l'inspection des
rewards (24 mars 1350).

L'industrieuse activité des drapiers, la participation du peuple
au pouvoir, l'extension des privilèges, quelques fois même la
faveur des princes, tout faisait présager à la corporation un
avenir prospère, lorsque le désastre d'Othée (1408) vint l'arrêter
dans son élan; de même que tous les autres métiers, elle fut
violemment supprimée; on continua certainement à fabriquer
du drap et à exercer tous les états ; mais, de même que les
arts et les lettres, que deviennent l'industrie et le commerce
sans la liberté?

Ici finit la première période que nous nommons de formation
de notre métier. Nous sommes aussi enclin que personne à attri-

---

([1]) Documents inédits, n° VII. Ce moulin qui se trouvait sur l'île Renoz fut démoli
lors de la dérivation de la Meuse.

buer aux institutions de notre patrie la noblesse de l'ancienneté ;
mais lorsque les documents manquent complètement pour
l'attester et que nous nous trouvons en présence de faits qui
lui sont contraires, force nous est de la mettre en doute. Nous
croyons donc qu'avant le XIVᵉ siècle, l'industrie drapière n'existait pas à Liége et qu'on se bornait à y faire le commerce des
draps étrangers. Peu après se forma une société industrielle de
fabricants qui devint assez riche pour pouvoir, dans un espace
de temps de moins d'un siècle, acheter une halle, un moulin à
fouler et un terrain pour y établir des rames. Cette société de
travailleurs, entièrement sous la dépendance du pouvoir aristocra-
tique, ne jouit d'aucune liberté ; dépourvue de chefs et de statuts,
elle se règle sur l'usage et délègue de temps en temps quelques
fondés de pouvoirs, choisis dans son sein, pour la représenter
dans les actes publics ; ces délégués, ordinairement au nombre
de quatre, s'appellent *maîtres* (1329), *hiretirs* (1334), *élus* (1365),
mambours, *porveors* (1367), etc. Les princes tout en prenant des
mesures pour protéger son industrie et l'affranchir de la concurrence étrangère, lui imposent, dans l'intérêt du public, des
officiers chargés de surveiller la fabrication, des règles pour le
tissage, l'ourdissage, la vente, etc. ; ils s'appliquent aussi à
maintenir entre les différents membres de la corporation une
certaine égalité afin qu'ils ne se fassent pas réciproquement du
tort.

Jusqu'ici on ne rencontre pas de trace d'acquête, de relief,
d'apprentissage, de chef-d'œuvre, aucune tendance au monopole
au détriment de la généralité ; dans ce cas les drapiers seraient
exempts de l'accusation formulée contre les métiers qui cherchaient à empêcher tout autre que les compagnons à vivre
du travail de ses mains ; il est toutefois probable qu'il existait à
ce sujet certaines règles et que la société n'admettait dans son
sein que les parents et les amis de ses membres.

Pendant cette première période de temps, les drapiers habitaient presque tous la paroisse St.-Georges et surtout la rue Hors-Château où nous trouvons dès 1353 un pont des tisseurs sur une branche de la Légia et un peu plus tard, la draperie, la rue des Wendes et la place des Foulons.

II

Période de prospérité, 1418 à 1650.

Jean de Wallenrode, en rétablissant les métiers en 1418 et en augmentant leur nombre, inaugura pour cette institution, devenue officielle, une ère brillante. Les 32 corporations, observant un rang fixe, où celle des drapiers occupe la douzième place, s'organisent librement et à peu près uniformément sous l'influence du pouvoir démocratique. Les nouveaux métiers rédigent par écrit leurs statuts, et quelques-uns des anciens, notamment celui des tanneurs, refondent leurs vieux règlements. Les drapiers n'éprouvent pas immédiatement le besoin d'une loi écrite et se règlent encore pendant un quart de siècle d'après les usages et les traditions de leurs ancêtres. Mais, comme les autres, ils régularisent leur administration, choisissent dans leur sein des gouverneurs et des jurés; ces officiers permanents et d'un caractère bien connu, chargés de surveiller les intérêts de la société, jurant de travailler de tout leur pouvoir à sa prospérité et au maintien de ses priviléges apparaissent pour la première fois en 1423. Les wardains ministériels sont abolis; mais comme il y allait de l'intérêt et surtout de l'honneur du métier à ce que les réglements pour la fabrication du drap fussent observés, et les marchandises mises en vente de bonne qualité, ce métier lui-même leur substitua des personnes de son choix chargées de remplir les mêmes fonctions. Pour faciliter la surveillance sur les produits, la corporation est divisée en trois sections appelées *membres* et déter-

minées par les différentes occupations des compagnons (¹).
Le membre de *drapiers,* comprenait, croyons-nous, les anciens maîtres, propriétaires de métiers, ayant la direction de
la fabrication et s'occupant surtout de la vente; ceux des
tisseurs et des *foulons* étaient composés d'ouvriers soumis aux
drapiers : chaque membre avait un ou deux chefs appelés
maîtres, nommés tous les deux ans par leurs compagnons dans le
but de les représenter et de les protéger; mais cette charge devint bientôt purement honorifique. Quoique du même métier, les
teinturiers peu nombreux formaient une classe à part. En 1447 il
y en avait 4 à Liége qui, selon toute probabilité, étaient associés
et s'étaient chargés de teindre en diverses couleurs toute espèce
d'étoffes suivant un prix fixé de commun accord avec les drapiers.
Mais cette année sous prétexte que les matières colorantes étaient
haussées de valeur, ils voulurent augmenter le tarif et demandèrent à faire un nouveau contrat. Les drapiers s'y étant refusés,
les teinturiers cessèrent de travailler. Alors les 32 métiers réunis
les sommèrent de se remettre à l'ouvrage dans les huit jours sous
peine d'être déclarés bannis; mais ces menaces ne les intimi-
dèrent pas et l'industrie drapière de Liége fut menacée de ruine.
Enfin le métier, pour se tirer d'embarras et étouffer la discorde
dans une société dont tous les membres étaient frères soumirent
le débat à quelques arbitres; ceux-ci partagèrent la différence

(¹) 1724 16 février. Supplique des maîtres du membre des drapiers au chapitre
Sᵗ-Lambert, lui remontrant que pour être maître en dûe forme et pouvoir employer
toute espèce d'ouvriers, il faut acquérir le membre et le métier; par l'acquisition du
premier on peut employer chez soi des tisserands pour fabriquer des étoffes; par
l'acquisition du second on ne peut qu'acheter et vendre de la laine et la faire accom-
moder chez soi. Le membre et le métier sont donc deux choses distinctes et ont
chacun leur greffier. De tous temps les compagnons du membre ont eu le droit de
conférer celui-ci à qui ils voulaient, et en percevaient les droits. Ceux du métier
n'avaient rien à y voir ni à prétendre des droits qui se payaient aux maîtres du
membre (20 fls. d'or pour ceux de la cité, 30 pour ceux du pays, 40 pour les étrangers). Cependant depuis plusieurs années la Chambre se mêle de conférer le membre
et cela à vil prix, de façon que les étrangers affluant, les ouvriers n'ont plus d'ouvrage. (*Document sur papier : liasse du Conseil privé.*)

qui était du reste fort petite et condamnèrent les teinturiers à
l'amende pour avoir, par leur inaction, empêché les drapiers de
travailler. La corporation avait préalablement fait accord avec un
étranger pour donner au drap de belles couleurs rouge, verde
et sanguine, que jusque là on n'était pas parvenu à rendre aussi
brillantes que celles que produisaient Tournay et d'autres
villes, ce qui discréditait la réputation des étoffes liégeoises;
cet étranger nommé Gilis de Molin étant venu s'établir à Liége,
cette ville posséda 5 teinturiers jusqu'en 1487 où ils furent remplacés par un Johan Fivé qui s'engageait à servir seul le métier
pendant un an au prix accoutumé et, assurait-il, à la satisfac-
tion générale.

A peine les dignités sont-elles établies dans la corporation
que l'ambition y amène la discorde. Pour mettre un terme aux
brigues qui se faisaient publiquement et empêcher les désordres, le métier est obligé en 1428 de règlementer la forme des
élections annuelles et de défendre aux bourgeois qui n'habitaient
pas la banlieue de porter leur vote aux séances électorales. En
1458 paraît une autre ordonnance où le législateur entre dans
de munitieux détails pour faire règner l'ordre dans le choix des
gouverneurs et des jurés; il défend aux candidats de faire des
présents de quelque nature qu'ils soient aux électeurs; d'être
présents aux votes; ils doivent être reconnus capables, être
mariés ou agés de 25 ans, être nés dans le pays de Liége de
parents légitimes et avoir relevé le métier. Les officiers élus
doivent aussitôt jurer qu'ils n'ont pas brigué leurs fonctions et
qu'ils n'aquerront pas la bourgeoisie dans un autre métier. Pour
apporter au mal un remède plus efficace, la corporation fixe préalablement les principaux devoirs des compagnons; il consigne
pour la première fois par écrit quelques anciens usages mal
observés relatifs aux acquêtes, aux reliefs, aux assemblées, aux
fonctions des gouverneurs et des rewards. Ces dispositions in-
complètes et incohérentes, prises à la hâte pour les nécessités

du moment ne constituent qu'un règlement provisoire. La nécessité d'un code général, d'une loi que chacun sera obligé de
suivre, d'une charte que tous pourront à l'occasion invoquer,
ne tarde pas à se faire sentir.

Mais sur ces entrefaites Charles le Téméraire vint saccager
Liége et supprimer les corporations.

La crise ne fut pas plutôt passée que le premier soin du
peuple liégeois fut de rétablir ses métiers, institution qui lui était
plus chère que toute autre parce qu'en elle résidait sa force, sa
richesse et sa part d'autorité dans l'administration de la Commune.

Cependant tout était à refaire; les tisserands et les foulons
étaient morts ou dispersés, leurs métiers et leurs moulins brisés
et détruits; il fallait un certain temps pour rendre aux corporations l'impulsion et la vie et pendant quelques années l'industrie drapière languit. Les Verviétois profitèrent aussitôt de cet
état de somnolence pour faire affluer leurs étoffes sur le marché de Liége; mais les drapiers de cette ville se crurent, à la
faveur du nouvel ordre de choses, assez puissants pour leur con-
tester le droit de vendre dans la capitale et firent saisir tous
leurs draps déposés dans la halle du palais. Les Verviétois invo-
quant la charte d'Adolphe de la Marck réclamèrent auprès de
l'évêque contre cet acte de violence. Louis de Bourbon leur fit
justice et, le 28 avril 1480, leur confirma le privilège accordé en
1323 par son prédécesseur; il ordonna de plus le rétablissement
immédiat des wardains épiscopaux décrétés par cette charte et
qui furent maintenus depuis lors.

Pour repeupler la ville décimée par les guerres, le prince,
avec le consentement des corporations, permit aux étrangers
de venir librement exercer pendant 8 ans leurs industries dans
la cité moyennant une redevance d'un florin à payer au métier
dont ils feraient partie; à la suite de cette permission, il y eut
dans le métier quatre fois plus de reliefs que les années précé-

dentes. Les apprentis et les serviteurs devinrent même tellement nombreux que lorsque le terme fixé fut expiré le métier déclara que les maîtres ne devaient plus en recevoir parce qu'ils ne seraient plus admis à l'acquête (¹).

A cette époque chaque métier, éprouvant plus que jamais le besoin de se constituer solidement, se hâte de profiter des moments propices pour réviser ses chartes, ses règlements, ses priviléges, pour statuer à nouveau sur divers points éclaircis par l'expérience, pour recueillir les coutumes, les usages et les traditions des ancêtres ; puis il s'applique à fondre le résultat de ses recherches en une seule charte fondamentale, loi invariable pour les compagnons et leurs administrateurs.

Le métier des drapiers songe aussi enfin à formuler un règlement général et le 1ᵉʳ février 1527, quelques députés chargés de sa rédaction, soumettent à l'approbation des échevins de la cité un long manuscrit auquel ils avaient travaillé plusieurs années. La sanction des échevins était nécessaire pour la mise en garde de loi ; ils examinaient si le document ne contenait rien qui fut contraire aux institutions et aux paix du pays ou qui pût préjudicier au prince et à la cité. Cette approbation atteste que les statuts de 1527 constituent le premier règlement de la corporation et que les drapiers n'ont fait qu'y relater et mettre en ordre les usages de leurs pères. Comme il est nécessaire, y est-il dit, que dans toute ville où règnent la justice et la raison que fait observer l'autorité, l'ordre et la règle soient établies en toutes choses, le métier des drapiers, ayant en vue l'honneur, le profit et le bien public de la cité et de la corporation, publie ce règlement, afin que chacun connaisse ses droits et ses devoirs. Il déclare avoir été guidé par l'exemple des autres métiers qui tous possédaient leurs règles, franchises et libertés

---

(¹) Déclaration du jour Sᵗ-Philippe et Sᵗ-Jacque de l'an 1504 dans le petit registre aux reliefs du métier des drapiers (*Archives de l'Etat, à Liége.*)

distinctes suivant la nature de leurs occupations ou de leurs
marchandises; il déclare enfin que puisqu'il convient de changer
toute chose suivant le temps et les circonstances, il s'est décidé
à modifier le règlement d'Adolphe de la Marck. Les statuts que
contient cette charte forment un code complet de l'usance et de
la pratique jusqu'alors négligée du métier.

Comme il règne peu d'ordre dans l'arrangement des paragraphes
du règlement de 1527 et qu'il rappelle des dispositions générales déjà connues, nous nous sommes appliqués, par une étude
sérieuse, à la transformer en un tableau méthodique comprenant
dans ses divisions un exposé de toutes les parties de l'organisa-
tion du métier, des particularités qui le distinguent des autres
corporations liégeoises et des usages qui lui sont propres. Pour
éviter des longueurs dans la suite, nous y ajoutons à leurs dates
les modifications apportées à différents points par des règlements
postérieurs.

I

Des offices et emplois.

Le métier des drapiers avait, comme les autres, deux gouverneurs, deux jurés, des rewards, un rentier, un greffier et un
valet. A l'exception de ce dernier, les personnes revêtues de ces
charges, formaient le Conseil des officiers. La corporation avait
en outre de plus que les autres deux employés spéciaux, l'usinier
de la halle et l'usinier des wendes.

Au XVIe siècle, le conseil administratif de la corporation était
formé de personnes capables et jouissant d'une bonne réputation;
aussi l'honneur d'en faire partie était-il si considéré que des luttes
violentes accompagnaient chaque élection. Nous avons vu que
dès le commencement du XVe siècle ces désordres attirèrent
l'attention des législateurs ; les mesures prises en 1428 et en

1458 pour combattre les brigues furent renouvelées dans la
charte de 1527 qui défendit de plus aux étrangers de se porter
comme candidats aux offices sans avoir payé l'acquête du métier;
pour qu'une telle décision fut nécessaire, il fallait que les abus
fussent bien grands. Mais toutes ces ordonnances qui produisaient un effet momentané étaient presqu'aussitôt annihilées par
l'ardeur des partis. Le 11 décembre 1552 on augmenta les peines
contre ceux qui, pour parvenir aux honneurs, régalaient les compagnons dans les tavernes, leur faisaient remise de leurs dettes,
leur accordaient des pensions sur les revenus de la cité, etc.,
et l'on décida que ces dispositions seraient lues chaque année à
la St.-Jacques dans l'assemblée qui précédait les élections.

Toutefois quelques années après, les choses en étaient revenues
au même point qu'auparavant. Le 3 août 1568 « afin d'éviter les
exclandres, haines, odiosités et discussions qui ci-devant avaient
régné parmi les drapiers,» on exclut les simples compagnons des
assemblées électorales ; les gouverneurs, les jurés, les 4 delle
halle, le banneresse, les vieux-maîtres des membres, le clerc
et le valet procédaient seuls au vote : c'était ouvrir la porte toute
grande au favoristisme. On décida en même temps qu'une
seule personne ne pourrait se porter candidat pour deux offices
à la fois.

Pour être élu officier, il fallait avoir hanté le métier pendant
trois années consécutives ; en 1649 la fréquentation ayant été,
nous ne savons pourquoi, interrompue pendant plusieurs années,
le conseil de la cité fit demander le 7 juin 1676 aux 32 métiers
si, pour les élections qui allaient avoir lieu, cette condition serait
exigée ; il fut répondu que pour cette fois seulement, il suffirait,
pour être éligible, d'être *habillé* et d'avoir huit jours avant la
St.-Jacques fait le relief du métier.

Les officiers avaient le droit de se réuuir en conseil pour
délibérer sur les affaires de la corporation ; ces assemblées particulières s'appelaient *chambres*; il était défendu à ceux qui y as-

sistaient de révéler les secrets des chambres sous peine d'être privé de leur office et même du métier.

Lorsqu'il s'agissait d'une contestation peu grave survenue entre deux compagnons ou d'un cas non prévu par les règlements, le métier pouvait instituer une espèce de tribunal faisant les fonctions de justice de paix et composé de 2 compagnons de chacun des 3 membres réunis aux wardains. Les parties contendantes pouvaient toutefois récuser la compétence de ces juges et porter leur cause devant les tribunaux ordinaires.

LES GOUVERNEURS ET LES JURÉS.

La grande charte du métier du 1er février 1527 règle ce qui concerne ces officiers de la façon suivante : Les deux gouverneurs et les deux jurés seront choisis chaque année le jour de St-Jacques et de St-Christophe ; ils feront avec les gouverneurs et jurés des 31 autres corporations partie du conseil de la cité ; après leur élection, ils jureront de régir loyalement le métier et de contribuer de tout leur pouvoir à sa prospérité ; ils seront obligés, sous peine d'amende et d'être privés pendant un an du métier, de précéder, une torche à la main, le St-Sacrement à la procession de St-Lambert ou en cas d'empêchement de se faire remplacer par une personne honorable.

Les deux gouverneurs et même l'un d'eux aura le droit de provoquer les assemblées ; ils recevront les serments des nouveaux compagnons entrants et des anciens qui feront relief. Le jour de la Madeleine, ils assisteront à la reddition des comptes faite par le rentier ; le lendemain de la St-Jacques et du jour des Rois, ils calculeront les frais occasionnés par les réjouissances des compagnons ; leurs peines à cette occasion seront payées d'un florin par jour.

Pour octroyer la franche bourgeoisie ils devaient avoir l'assentiment de toute la corporation.

Les gouverneurs avaient plein pouvoir, pour passer des contrats au nom et dans l'intérêt du métier, acheter des clous et des *wères* pour tendre les draps, vendre de vieilles wendes, etc. Ces contrats se passaient toujours *inter pocula* dans un cabaret, aux 3 Papegaies ou à la Verde Tête sur les Foulons, à la Jeune Bosse ou au Léopard en Féronstrée, à l'ours Entre deux Ponts ; tout ce qui se consommait dans ces occasions était payé par le rentier.

Les appointements des gouverneurs en 1458 étaient de 12 griffons et au XVIII° siècle de 11 florins.

LES REWARDS OU WARDAINS.

La question importante et difficile des rewards nous a déjà beaucoup occupés ; nous avons vu leurs fonctions remplies en 1323 par des officiers du prince, remplacés bientôt par des députés du métier (¹) puis rétablis en 1480 par Louis de Bourbon. Le règlement de 1527 nous apprend qu'ils étaient alors au nombre de 9 et élus chaque année le 1ᵉʳ mai ; les maîtres à temps en choisissaient deux parmi le conseil des jurés; les drapiers, après avoir assisté à la messe aux frères Mineurs, se réunissaient à leur halle et en nommaient deux, les tisserands deux et les foulons deux ; le neuvième était un teinturier choisi par les six premiers. Les compagnons désignés pour ces fonctions ne pouvaient les refuser sous peine d'amende. Immédiatement après leur élection ils prêtaient serment devant le conseil de la cité de faire observer loyalement tous les points de draperie et d'appliquer sans fraude les peines fixées par la loi ; ils juraient aussi de n'accepter aucun autre office pendant l'année de leur charge. Ensuite ils faisaient choix parmi eux d'un maître ou mayeur des wardains lequel prêtait un nouveau serment entre les mains du prince ou de

____

(¹) L'ordonnance du 17 juil. 1458 est signée par 7 wardains.

son officier ; ce mayeur était chargé de faire pendant l'année rapport à l'évêque sur tout ce qui se passait dans la corporation et dirigeait probablement les travaux de ses confrères.

Le règlement de 1527 énumère tout au long les droits et les devoirs de ces officiers. Quatre au moins d'entre eux devaient se rendre chaque jour à la halle le matin à 8 1/2 heures, et l'après midi à 3 pour faire la visite des draps mis en vente et les sceller lorsqu'ils étaient bons, qu'ils fussent *crus*, *blancs* ou *tindus*; ils ne pouvaient quitter la halle avant d'avoir terminé leur besogne, car c'était là seulement qu'ils pouvaient appliquer leur scel et cela uniquement aux étoffes fabriquées dans la cité, franchise et banlieue de Liége. Pour procéder à cette tâche, ils s'enfermaient dans une chambre destinée à cet usage; personne ne pouvait y entrer ou les troubler de quelque façon que ce fût quand ils y étaient. Lorsqu'ils trouvaient une pièce illégale, ils appelaient le propriétaire du drap et en sa présence en *désenuraient* la lisière sur toute la longueur de l'endroit fautif ; ils déclaraient en même temps la perte que le propriétaire éprouvait par suite de cette lacération, afin qu'il pût réclamer ses dommages aux *facteurs* qui avaient fabriqué l'étoffe.

Outre cette besogne fixe, les rewards étaient obligés d'aller au moins une fois par semaine, munis de leur commission qui portait l'empreinte du cachet de la clef magistrale, faire des visites domiciliaires chez les drapiers, ménagers, tisserands, foulons, cardeuses, peigneuses, fileuses et autres, *usants* du métier, pour s'assurer que le travail se faisait conformément aux prescriptions de la loi. Les compagnons étaient obligés de leur ouvrir leur demeure sous peine d'un florin d'amende.

Les draps étrangers importés dans la cité pour être vendus entiers, taillés ou cousus, devaient également passer sous leurs yeux. Lorsque les halliers avaient reçu du drap du dehors, ils faisaient avertir les wardains qui venaient le visiter et, s'ils le trouvaient bon, y appliquaient une marque en fer portant le perron liégeois ; muni de cette marque, le drap pouvait être mis en vente (¹). En 1578 il fut défendu « de défardeler packets de draps ni ouvrir tonneas de drap, kersée ou xhafures » ailleurs qu'à la halle du palais ou à la céarrie du prince qui se trouvait à côté ; ces marchandises devaient être conduites aux lieux indiqués, par d'autres que par leurs propriétaires ; là deux wardains au moins présidaient à leur déballage entre 8 et 9 heures du matin et 3 et 4 de l'après-diner (²). S'ils trouvaient des pièces qui n'étaient pas dans les conditions voulues, ils les enfermaient provisoirement dans leur chambre pour les examiner avec plus d'attention à quatre ; lorsque leur premier jugement se trouvait confirmé, les draps étaient confisqués, livrés au conseil de la cité et brûlés publiquement sur le marché (³). Personne ne pouvait les interrompre dans l'exercice de leurs fonctions par injures ou autrement sous peine d'une amende de 3 florins d'or.

Les wardains exerçaient dans les limites de leurs attributions une juridiction absolue ; c'étaient eux qui décidaient sans appel dans les cas de contestations survenues entre les maîtres et les ouvriers à propos du salaire (*déserte*) de ceux-ci ; entre le marchand et le chaland au sujet du prix de vente ; si, après en avoir été sommés, les premiers ne payaient pas leurs ouvriers dans les trois jours, les wardains pouvaient défendre à tous les ouvriers de la corporation de travailler pour eux *(forcommander l'usage du métier)* ; lorsque ces maîtres se décidaient enfin à exécuter leur sentence, ils devaient racheter une nouvelle *rate* du métier. Tout compagnon dont l'avis ou la présence paraissait nécessaire aux wardains dans l'intérêt de la généralité devait sur-le-champ comparaître devant eux à leur première semonce.

Le wardain qui dans ses fonctions était convaincu d'avoir pris

(¹) Recès du 17 nov. 1570.

(²) Recès des 17 juin 1572 et 25 mai 1578.

(³) En 1735 on les enfermait à l'Hôtel-de-Ville, pour les distribuer ensuite aux pauvres.

faux lowier, c'est-à-dire d'avoir contre récompense scellé un drap illégal était privé de son office, condamné à une amende et puni comme parjure.

A la fin de l'année magistrale, le mayeur des wardains rendait compte de sa gestion et de celle de ses confrères, d'abord en présence des députés du conseil de la cité, ensuite devant toute la corporation réunie.

En 1557 le nombre des wardains fut réduit à 4, y compris le mayeur; c'étaient deux drapiers et deux tisserands. La présence de deux d'entre eux suffit dès lors pour sceller un drap teint; si un seul procédait à cette opération, il devait apposer sa marque personnelle à côté du scel du métier pour assumer la responsabilité de ses actes. On leur défendit de sceller les draps teints ailleurs que dans la halle et de transporter le cachet (la *stampe*) hors de ce bâtiment, excepté lorsqu'il s'agissait de l'appliquer à des étoffes destinées à l'exportation. Enfin ils devaient veiller sous peine d'être pendant dix ans privés de tout office, à ce qu'aucun drap fabriqué dans la cité ne fut livré à la teinture avant d'avoir été examiné et scellé par eux (¹).

A la fin du XVIᵉ siècle, le mode d'élection suivi jusqu'alors offrit de graves inconvénients. Des hommes inhabiles dans le métier, parvenaient à captiver la bienveillance des compagnons par corruption (*beuvraige*) ou autrement et étaient nommés wardains au grand détriment des intérêts de l'industrie et du peuple. Le 25 avril 1589 le métier déclara que, cet office devant être rempli par des gens capables et experts dans l'art de la draperie, les bourgmestres désigneraient chaque année le 1ᵉʳ mai à 8 heures du matin, 8 candidats reconnus habiles parmi lesquels la généralité des compagnons choisirait aussitôt après ses 4 rewards.

Le salaire des rewards fut problablement d'abord le produit des amendes; en 1527 ils percevaient encore à leur profit celles qui n'excédaient pas la somme de 4 livres; les autres étaient

(¹) Ordonnance de 1569.

partagées par tiers entre le prince, la cité et le métier. A cette époque ils avaient aussi le produit des sceaux ou ce que les drapiers payaient pour chaque application des marques; cette taxe était de 12 sous pour le *seaul cardinal*, de 8 pour le grand scel et de 4 pour le petit. Le 1er mai 1551, le métier, ayant sans doute besoin d'argent, il fut décidé que jusqu'au jour de la Madelaine suivant, la taxe serait fixée à 32, 12 et 6 sous, que le métier en prélèverait un tiers et que les rewards fourniraient aux drapiers les marques pour estampiller leur drap. Ils recevaient encore pour chaque pièce de *saye, hanskotte, rassette* et autres draps étrangers qu'ils visitaient, mesuraient et marquaient 7 patars, dont 2 pour le mesureur ou *aulneur* ([1]). Le rentier leur payait enfin le jour de leur élection sur les fonds de la société 80 francs pour s'acheter une livrée qu'ils étaient obligés de revêtir dans les processions et autres occasions solennelles ([2]). Au XVIe siècle on leur donnait à chacun avant la fête du St.-Sacrement deux aunes de drap avec lesquels ils devaient se faire confectionner leur costume officiel ([3]).

Une dernière ordonnance du 24 avril 1700 prescrit à chaque drapier et ménager de payer tous les 15 jours aux wardains pour leurs peines un liard par *stal* ou métier à tisser qu'il faisait travailler.

LE RENTIER.

L'office du rentier dans la corporation des drapiers fut primitivement rempli par les rewards chargés en 1323 de percevoir les amendes qu'ils comminaient; à cette époque le métier n'avait peut-être pas d'autres revenus. Lorsqu'un officier spécial pour régler les finances de la société fut institué, les rewards con-

---

([1]) Ordonnance du 9 mai 1671.
([2]) Recès du 6 mai 1656.
([3]) Recès du 1er mai 1570.

tinuèrent à toucher les amendes, mais en partageaient le produit avec lui. Au XVIe siècle le temps leur faisant défaut, ils cessèrent de s'occuper de ce soin et ce fut le rentier seul qui se chargea de faire rentrer les amendes, les rentes en grain et en argent, les droits des entrants et des relevants, etc (¹). Muni d'un papier signé du greffier, il paie toutes les dettes du métier, les consommations faites dans les cabarets par les gouverneurs lorsqu'ils concluaient un marché, le prêtre qui disait la messe pour le métier, etc.; jusqu'en 1557, il calculait lui-même les dépenses faites par les compagnons au jour des Rois et à la Sᵗ-Jacques; à partir de cette date, il dût, avant de solder ses comptes, les soumettre à la révision des 4 delle halle et de quelques députés désignés à cet effet.

De 1542 à 1750 les gages du rentier ont varié de 20 à 40 florins liégeois; il eut toujours la priorité pour la *brieze* ou effraction de l'épeautre.

LE GREFFIER.

L'institution du clerc ou greffier ne paraît pas être fort ancienne. Le règlement de 1527 ordonne aux gouverneurs du métier de choisir un clerc pour inscrire les *sieultes*, *sequelles* ou procès-verbaux des séances, les noms des acquérants, des entrants et des relevants, pour tenir note des comptes, lire au commencement de chaque séance les motifs de la convocation faite par le prince, le conseil de la cité ou les gouverneurs. Une lettre de l'an 1684 oblige le greffier des Chambres à faire une copie des procès-verbaux pour le magistrat de la cité.

En 1573 le greffier avait 6 florins de gages par an; au XVIIIe siècle ce chiffre fut porté à 22. Il recevait *une quarte* de vin de chaque personne qui entrait dans le métier ou en faisait le relief.

____

(¹) Ordonnance de 1542.

LE VALET.

Le règlement de 1527 ordonne aussi l'institution d'un valet soumis aux ordres des gouverneurs pour convoquer les compagnons aux assemblées et, lorsque ceux-ci avaient encouru une amende, les sommer de la payer dans les trois jours qui suivaient la condamnation. Au XIVᵉ et au XVᶜ siècle, il existait déjà un valet chargé de cette dernière besogne, mais celui-là n'obéissait qu'aux rewards qui le nommaient.

Le valet du métier portait, comme insignes, un petit péron en fer ; les jours de fête il revêtait un manteau de couleur écarlate dont le rentier lui fournissait l'étoffe (2 aunes) ; de temps à autre on lui faisait cadeau d'une paire de souliers.

Chaque année le jour de la Sᵗ-Jacque le valet devait se démettre de ses fonctions en déposant son péron sur la table du conseil ; mais il était d'usage de le continuer dans son office si l'on était content de ses services.

En 1766 ses gages étaient de 28 florins par an. Lorsque le métier se réunissait à la demande de particuliers ou de marchands étrangers, ceux-ci devaient le dédommager de ses courses extraordinaires.

Après 1684 le valet fut remplacé par un huissier qui convoquait les composants de la Chambre.

L'USINIER DE LA HALLE.

L'usinier de la grande halle était une espèce de concierge auquel on confiait la garde de ce bâtiment ; il remplissait en même temps les fonctions de peseur des laines et de mesureur des étoffes. Cet emploi était très lucratif et le métier le louait au plus haut offrant. Nous avons vu qu'en 1367 Jean Rikimonde obtint un *stuit* ou loyer de deux ans (¹). Le règlement de 1527 adjoignit à l'usinier trois courtiers assermentés pour l'aider dans sa besogne et examiner si dans la laine apportée pour la vente, « il ne se trouvait pas de taire, cottrealx, frescheurs, ou vilains vaires non laudables à ladite marchandise » (²). Il recevait du propriétaire 2 ¹/₂ sous pour chaque livre pesée et les courtiers un sous. Ces prix ont varié plus tard (³).

Tous les draps fabriqués en ville devaient être mesurés (*olnés*) à la halle; le propriétaire payait de ce chef à l'usinier deux sous par pièce, excepté pour celles que les drapiers voulaient vendre chez eux en détail (*rejeter à la menue main en leur maison*).

Avant d'entrer en service, l'usinier devait jurer de peser et de mesurer loyalement; de ne pas laisser sortir de la halle les poids (*pessants condits livreaulx*) pour peser la laine ailleurs, ce qui eut facilité les fraudes et portait atteinte aux droits du prince ; d'entretenir à ses frais la halle en bon état; de veiller sous sa responsabilité aux dépôts de laine et de drap (⁴); de ne pas acheter ou vendre soit pour lui soit pour un autre de la laine avant 10 heures du matin, etc. Il était tenu de payer le *habier* pour la récréation du métier, c'est-à-dire qu'il devait une fois par an régaler les compagnons et surtout les officiers. Enfin chaque fois que le métier s'assemblait, l'usinier devait préparer au haut bout de la table un *fastion ou assiette* pour le greffier (⁵)

(¹) L'emplacement occupé par la halle devait être assez grand, car en 1551 le métier fit bâtir quatre neuves maisons *en cortil et porpris de la halle*.

(²) En 1676 un compagnon ayant offert de mesurer chez lui le drap à 2 liards la pièce, le métier le reçut au nombre de ses *aulneurs* (Recès).

(³) Un remouleur se tenait dans la *scaillie* de la halle pour repasser les forces des tondeurs : le métier louait aussi cette place au plus haut offrant pour un terme de 3 ans (1551).

(⁴) En 1581, le métier défendit de faire à la halle d'autre dépôts que ceux des laines ou draps destinés à la vente.

(⁵) Lettre de 1592.

L'USINIER DES WENDES OU DES RAMES.

Les principales wendes du métier se trouvaient rue Hors-château du côté de la montagne, derrière les Carmes déchaus-sés; elles ne servaient qu'aux draps fabriqués dans la cité, et personne ne pouvait y attacher des *kersées* ou *xhafures* sous peine d'amende; le drapier qui voulait user du bénéfice des wendes devait au préalable pour chaque pièce de drap qu'il apportait se munir d'une permission des officiers en retour de laquelle il payait probablement une redevance; il ne pouvait retenir une wende à l'avance, et s'il en trouvait une *desblavée*, il devait immédiatement y attacher son drap.

L'usinier était chargé de veiller à l'observation de ces points, d'empêcher qu'on s'introduisît dans l'enclos la nuit ou les jours de fête, soit pour voler, soit pour tendre frauduleusement des étoffes.

Les rewards étaient obligés de visiter les wendes 2 fois par jour depuis le grand carême jusqu'à la *herbatte* et une fois le jour pendant le reste de l'année, excepté les jours de fête; l'usinier les accompagnait dans leur tournée et sur leur ordre *stampait* les draps qu'ils avaient examinés; il lui était défendu de détacher aucun drap des wendes avant qu'il eut été *rewardé*. En 1527 le métier fixa une amende pour les drapiers qui dans le but de tromper les rewards *larderaient* leurs draps aux wendes ou presseraient les *noppes* sur les étoffes.

Vers 1550, on imagina une nouvelle espèce de rames « avec balisons d'en bas montans et descendans, chevilles, trous, per-tuis, hamaides et autres instruments » qui, parait-il, en donnant aux pièces d'étoffe, par la tension, une longueur qu'elles n'a-vaient réellement pas, facilitait les fraudes et les abus. Ces consi-dérations engagèrent le métier à porter les défenses suivantes: 1° d'ériger des wendes en dehors de la cité; 2° de les munir de *têtes*; d'élever les balisons d'en bas à plus d'une aune de hau-

teur et de leur donner plus de 5 pouces de largeur ou d'épais-
seur, tous les pertuis devant être *estoupés*; les wendes n'auront
aucune cheville pour fixer les balisons d'en bas qu'on laissera
se mouvoir en toute liberté; 3° d'employer l'instrument appelé
macrea pour tirer la tête de la pièce d'ouvrage à la wende.

Quelques jours après le métier permit par reeès de construire
des wendes avec une tête afin de permettre aux pauvres de
gagner leur vie aussi bien que les riches.

II

Usance du métier.

L'usance du métier comprenait les droits politiques et sociaux
des compagnons en tant qu'ils faisaient partie d'une corporation.
Ces droits et les conditions exigées pour les obtenir étant à peu
près les mêmes pour toutes les corporations liégeoises, nous ne
signalerons ici que les points qui caractérisaient les drapiers.

L'ACQUÈTE.

La lettre du 17 juillet 1458 nous apprend qu'il existait à cette
époque dans le métier quatre espèces d'acquètes dont trois rates :
la 1re de celles-ci était de 50 florins , la 2me de 10 et la 3me de
3 griffons ; les compagnons qui ne possédaient que cette dernière
n'avaient d'autre droit que celui d'acheter et de revendre du drap
fait à Liége : c'étaient les halliers d'autrefois ; ils ne pouvaient en
aucune façon s'occuper de la fabrication. Il y avait enfin la bourgeoisie du métier qu'on pouvait acquérir au prix d'un florin, mais
qui ne donnait pas le droit d'assister aux séances.

La grande charte du métier de 1527 ne fait plus mention que
de deux rates , la grande et la petite. Les acquérants étrangers
au pays devaient avant d'être admis à prêter serment, exhiber des
certificats attestant qu'ils étaient catholiques et de bonnes

mœurs; ils payaient 30 florins d'or pour la grande rate et 15 pour la petite.

Le 9 mai 1671, l'industrie drapière déclinant à Liége, le métier décida que « pour augmenter le négoce des drapiers liégeois avec les voisins » les étrangers qui voudraient venir habiter la cité, pourraient, pendant un an, acquérir le métier pour le tiers des droits habituels.

LES ASSEMBLÉES.

Les réunions du métier nécessitées pour les besoins de l'État, de la cité ou de la corporation, pour les élections ou pour les fêtes religieuses, étaient obligatoires pour tous les compagnons ([1]).

Les bourgeois habitant hors de la banlieue étaient exclus des assemblées électorales; ils ne pouvaient siéger et prendre part à la discussion que lorsqu'il s'agissait d'une expédition militaire ([2]).

Lorsque le métier devait se réunir extraordinairement pour délibérer sur les affaires d'intérêt général, le valet convoquait chaque compagnon; mais ceux-ci devaient spontanément se rendre à la halle les jours de St.-Madeleine, de St.-Jacques, de St.-Séverin, de Ste.-Lucie, des Rois et le 1er mai; après 10 heures *férues* à St.-Lambert, les portes de la halle étaient closes et les retardataires payaient une amende ([3]).

Les gouverneurs, et même l'un des deux, convoquait le métier de sa propre autorité, et aussi sur la demande de quelques compagnons ou de marchands étrangers. Chaque votant, après avoir donné son avis, se retirait et laissait au conseil le droit de décider; cette décision était sans appel.

([1]) Lettre du 17 juillet 1458.
([2]) Lettre de 1428.
([3]) Après 8 heures au XVe siècle (17 juillet 1458.)

Les assemblées électorales avaient lieu le jour de S^t.-Jacques ; pour procéder à une élection on mettait dans un panier (*bodet*) autant de boulets (*boettes*) qu'il y avait d'électeurs présents ; ces boulets étant tous blancs sauf 2 rouges, les gouverneurs étaient désignés par le sort ; ils prêtaient aussitôt serment à l'hôtel-de-ville, puis tous les compagnons se réunissaient en un banquet au cabarét du Dauphin, de l'Olifant, de l'Empereur, etc.

Au XVIe siècle ces assemblées étant chaque fois troublées à cause de la *pourchasse* des offices, il fut décidé le 11 octobre 1552, que pour y assister, il fallait avoir relevé le métier, être âgé de 25 ans ou marié. En 1558 les réunions étant encore trop nombreuses, on en exclut les gens non *idoines* et tous les célibataires.

Vers la fin du XVIIe, lorsque la draperie languissait déjà à Liége, les séances du métier, loin d'être bruyantes et orageuses, étaient presque désertées : les querelles qui alors divisaient le pays avaient aussi contribué à amener cet état de choses ; le métier des drapiers, par un recès du 19 juillet 1676, somma tous les compagnons d'assister aux assemblées sous peine d'être, pendant 10 ans, privés du métier ; il engagea les autres corporations à en faire autant afin, dit le document, que l'on pût connaître les fidèles patriotes.

Dans les cérémonies religieuses, les dignitaires du métier ([1]) et le valet précédaient le St-Sacrement portant sur la tête une couronne de fleurs ([2]) et à la main une torche avec l'écusson du métier ([3]), plus ou moins grande suivant l'importance du personnage ; des joueurs de *pifre* et de tambourin les accompagnaient ; les simples compagnons y figuraient avec une paire de chausses rouges et un chapeau verd ([4]). Après la procession les officiers

---

([1]) Le document cite parmi eux un *banneresse* et des *hommes de fief*, et donne à tous le nom de *chevaliers*.

([2]) Cet usage existait aussi pour les fêtes de la St-Jacques.

([3]) Un aigle noir à deux têtes sur un champ parti verd et rouge (Reg. 37.)

([4]) C'est ainsi qu'ils figurèrent en 1565 à la joyeuse entrée de Gérard de Groesbeck.

allaient se récréer et dîner aux frais du métier à la Verde Porte, à la Barbe d'Or, au Sauvage Homme et boire de la cervoise à la Blanche Rœse. Le 5 septembre 1654 on supprima ces diners et la torche fut remplacée par une simple chandelle de cire.

La chapelle des drapiers se trouvait dans l'église des frères Mineurs; les compagnons y entretenaient perpétuellement un immense cierge que l'on conduisait à l'église en grande cérémonie au son de la musique; c'était là que se faisaient les obsèques des compagnons auxquels tous les membres du métier étaient obligés d'assister de même qu'aux *épousages* des fils ou filles de maîtres « pour entretenir la confraternité, union et amitié et se porter honneur l'un l'autre. » Après un service le valet s'emparait d'une des quatre principales chandelles qui entouraient le corps et la portait chez lui, suivi de tous les compagnons; quelques jours après, il faisait célébrer une messe de Requiem pour les âmes de tous les frères décédés.

Les officiers et les compagnons qui en avaient le temps se réunissaient encore chaque année au *Chestea d'Esneu* le 1er jour du quarême pour manger ensemble le *caplea, les harengs, bocho* et *blan poisson;* le 1er lundi de mars et le 1er du mois d'août pour manger l'*awe* ou l'*hoison.* Dans ces jours de fête une bannière portant les armoiries du métier flottait à l'*estef* (variante à *la steffe*), de la tour de la grande halle (1601).

III

Pratique du métier.

Le droit de fabriquer et de vendre du drap, celui de s'occuper de l'une ou l'autre des parties nécessaires à cette fabrication, constituaient la pratique du métier. Chaque division du travail était soumise à certaines règles qu'il fallait observer sous peine d'amende. Parmi les différentes opérations de cette iudustrie, il en était deux plus importantes que les autres : celles du tissage et du foulage ; les ouvriers qui s'en occupaient, faisaient directement partie du métier et en formaient même deux membres. Mais quant aux autres, dont quelques-unes particulières aux femmes, nous ignorons dans quelle position ceux et celles qui s'y livraient se trouvaient vis-à-vis du métier.

DES MAÎTRES.

Un des principes fondamentaux des corporations du moyen-âge, était qu'il ne fallait pas acheter des objets dont on n'avait pas besoin pour son usage personnel ou pour l'appliquer à son industrie ; en d'autres termes qu'on ne devait pas acheter pour vendre. Afin d'empêcher que cette règle fut éludée, il était défendu aux drapiers de mettre des marchandises, laines ou draps, en gage ([1]) ; au moins ceux-ci devaient-ils porter le scel du métier. Un maître ne pouvait de même, pour en tirer profit, payer ses ouvriers ou ménagers avec des laines peignées, *filet*, chaîne ou *lansure*.

Il fallait être marié ou chef de ménage et avoir au moins 20 ans pour pouvoir tenir un *stal*, c'est-à-dire pour posséder un métier et travailler à son bénéfice ; un fils de maître émancipé et ne demeurant pas chez son père ne pouvait donc s'établir pour son propre compte s'il ne remplissait ces conditions.

Il fallait en outre avoir fait le relief du métier et être *de bonne apprise*.

Chaque maître tisserand ne pût jusqu'en 1542 posséder qu'un seul métier, dans le but de répartir le travail aussi également que possible entre tous les compagnons ; le 9 décembre de cette année, il fut permis d'en employer deux, un pour tisser les draps et

---

([1]) « Laine ne aches, draps crus ou parés (préparés ou non), entiers ou coupés en manière de taille (découpés, taillés pour un vêtement ou non) ».

fourures, un autre plus petit pour les *xhafures, karsées* et *sayes.*
On alla plus loin encore dans l'exécution de ce principe : le 19
juin 1589, on porta la défense de tisser chaque semaine plus de
deux pièces sur un métier.

Chaque drapier devait avoir sa marque particulière connue des
wardains et en munir son drap sous peine de le laisser consi-
dérer comme drap étranger. Si par hasard deux drapiers avaient
la même marque, le plus jeune était obligé d'en adopter une
autre. Il était défendu à un drapier de la cité de passer sa
marque à un fabricant étranger qui, par ce moyen, aurait pu faire
entrer ses pièces en ville sans payer l'impôt du soixantième de-
nier (¹).

Un maître ne pouvait employer chez lui plus de deux apprentis
libres à la fois, plus un 3ᵐᵉ dont l'intention aurait été de n'acquérir que le membre ; le salaire des ouvriers était aussi fixé ;
aucun maître ne pouvait sous peine d'amende les engager au
dessous du tarif ; il ne lui était pas davantage permis de donner des pièces à travailler hors de la cité sous peine de confiscation (²).

Un maître tisserand ne pouvait, outre ses enfants, avoir chez
lui qu'un apprenti agé de moins de 13 ans ; après 3 années consécutives de travail chez le même maître, l'apprenti tissait une étoffe
sur le grand *stau* en présence de députés pour montrer qu'il
était *ouvrier delle main*, et s'il s'acquittait convenablement de sa
tâche, il était libre d'établir un stau à son profit. Outre cet apprenti, tout acquérant du membre des tisserands devait avoir
deux maîtres varlets pour son métier, à moins qu'il fut ouvrier
lui-même.

La veuve d'un maître était autorisée à continuer l'industrie de
son mari et pouvait tenir un apprenti. Si elle se remariait avec
un bourgeois étranger au membre, elle était obligée d'employer

(¹) Ordonnance du 24 avril 1700.
(²) Ordonnance du 24 avril 1700.

pendant 3 ans chez elle, un maître pour apprendre le métier à
son mari.

DES OUVRIERS.

Les *compagnons servants* du métier qui cherchaient de l'ouvrage
devaient se rendre à la halle entre 5 et 6 heures du matin depuis
le grand carême jusqu'à la St-Gilles, et à l'aube du jour pendant
le reste de l'année ; les maîtres qui avaient besoin d'ouvriers s'y
rendaient aussi pour les engager en présence des rewards.

Les compagnons ne pouvaient quitter un maître pour en servir
un autre, s'ils n'avaient pour cela des motifs graves, ni passer à un
autre l'ouvrage qu'on leur remettait. Il leur était défendu de s'entendre entre eux pour demander une augmentation de salaire ou
pour apporter du trouble dans le métier.

Si un ouvrier était convaincu d'avoir volé de la laine, des
étoffes, etc., il était privé du métier et personne ne pouvait plus
lui donner de l'ouvrage ; l'objet volé était confisqué au profit du
métier à moins que le propriétaire ne pût prouver qu'il était à
lui en montrant d'autres marchandises semblables.

Au commencement du XVIIe siècle, le nombre des ouvriers
était très-grand tant dans la cité que dans les villages voisins ;
le métier considérant qu'ils avaient beaucoup de peine à gagner
leur vie d'autant plus qu'à cette époque beaucoup de maîtres
abandonnaient leur industrie, décida le 26 novembre 1617, que
tous ceux qui voudraient apprendre le métier de drapier devaient, avant de pouvoir acquérir le membre, travailler pendant
6 années et payer double droit d'inscription.

DE L'ACHAT DES LAINES.

Depuis un temps immémorial, la vente des laines se faisait à la
halle où elles devaient être pesées. Il était défendu d'arrêter en

route pour lui acheter de la laine un marchand qui se rendait à la halle ; le marché était ouvert à 5 heures du matin ; on ne pouvait traiter aucune affaire avant cette heure, afin qu'il fut possible à tout le monde de s'approvisionner ; pour le même motif les revendeurs ne pouvaient acheter avant 10 heures sonnées à St-Lambert, et étaient obligés d'attendre jusqu'au lendemain pour revendre ; les courtiers ne pouvaient acheter de la laine pour un maître à moins que celui-ci ne fût présent.

Le propriétaire lui-même devait délier et ouvrir ses sacs de laine ou d'*aches* afin que, s'il s'y trouvait des matières étrangères, il ne put en accuser personne ; il devait avertir l'acheteur au cas où il lui vendait *vaire de laine non entier*.

Un maître ne pouvait acheter plus de 12 livres de laine à la fois ; le 9 avril 1566, pour éviter la surenchère et les discussions, le métier prescrivit aux compagnons de ne pas se présenter plus de deux à un marchand qui n'aurait que 12 livres (10 *livreas*) à vendre, plus de trois à celui qui n'en aurait que 30 et ainsi de suite.

La vente par poids de 12 livres se faisant très-lentement, le métier supplia en 1566 le prince de permettre le pesage de la laine par sac comme elle arrivait à la halle ; il lui représentait que tel était l'usage suivi à Maestricht, ce qui engageait les drapiers liégeois à aller faire leur provision dans cette ville au détriment du commerce liégeois. Le prince, ayant reconnu la vérité de cette remontrance, fit établir par le conseil de la cité une grande balance, poids et accessoires dans la halle avec ordre d'y peser toutes les laines de la cité (23 juin 1569). Mais on ne tarda pas à y peser d'autres objets au préjudice du poids de la ville établi sur la Batte, ce qui donna lieu à une ordonnance du prince en date du 17 janvier 1650. Le 16 juin 1735, il fallut infliger des amendes aux marchands qui, pour augmenter le poids de leurs sacs, y introduisaient des pierres et des ordures qui, suivant les chartes, devaient être détachées de la laine pour que celle-ci fut considérée comme marchandise légale.

DE L'EMPOI DES LAINES.

On ne pouvait employer que pour des étoffes de doublure, la laine provenant de bêtes malades ou celle, trop courte, des moutons tondus entre le 1er juin et le 1er octobre. Si un maître s'en servait pour faire du drap, il devait en prévenir les wardains et déclarer qu'il ne le mettrait pas en vente, mais l'utiliserait pour s'habiller lui-même, sa femme, ses enfants et *maisines* ou, comme le dit le règlement, pour le *deshirer* chez lui; ce drap devait être porté aux wendes sans être scellé et il était défendu de le faire teindre (¹).

Les nœuds, les bouts de laine restés dans les ciseaux des tondeurs ou dans les cardes ne pouvaient davantage servir à faire du drap. Un fabricant convaincu d'en avoir travaillé de la sorte plus d'une aune était tenu d'achever toute la pièce qui était ensuite brûlée au péron comme fausse draperie par les maîtres de la cité, les jurés et wardains du métier, la justice et les échevins; le fabricant était en outre frappé d'une amende de 3 florins d'or et privé à perpétuité de l'usance du métier.

DES PEIGNEUSES.

Toutes les peigneuses devaient être étrangères à la ville; on craignait que, à cause de leurs accointances et de la facilité qu'elles auraient eues de se défaire de leur larcin, elles se laissassent entraîner à voler leurs maîtres.

Un drapier ne pouvait employer chez lui plus d'une peigneuse à la fois; le salaire de sa journée était fixé à 4 livres de Liége; on ne pouvait sous peine de 12 livres d'amende lui promettre (*avant*

(¹) Ces étoffes servaient à faire des draps de lit; au commencement de ce siècle, la moitié des habitants d'Outre-Meuse dormaient encore dans des draps de laine; lorsqu'ils recevaient un étranger, ils attachaient une serviette ou un linge blanc à l'endroit qui devait approcher de la figure.

le cop de peigner) du drap ni autre chose pour l'engager à bien travailler.

Ceux qui donnaient de l'ouvrage à des peigneuses aux environs de Liége ne pouvaient leur envoyer plus de six *pières* de laine à la fois, la pière comptée à 7 1/2 marcs plus 1/4 *entre deux fers* c'est-à-dire pesés exactement ([1]). L'ouvrière ne pouvait garder sa laine plus de quinze jours, ni un maître lui envoyer un nouveau paquet avant d'avoir reçu le premier en retour.

Afin de protéger à la fois les intérêts du maître et des consommateurs, il avait été décidé que le peigne dont se servaient les peigneuses devait avoir 20 dents au moins et mesurer une demi aune, plus la moitié d'une demi quarte ([2]). Un instrument ayant des dents trop serrées aurait fait du tort au propriétaire de la laine en arrachant trop de fils, un autre qui aurait eu des dents trop distantes l'une de l'autre n'aurait pas permis de nettoyer la laine convenablement.

Vers l'an 1630 des maîtres peigneurs ayant sous leurs ordres beaucoup d'ouvriers vinrent s'établir à Liége ; les anciens employés protestèrent contre cette invasion d'étrangers qui ruinaient leur petite industrie ; le 1ᵉʳ mai 1637, le métier faisant droit à leur réclamation, décida que les nouveaux peigneurs devaient faire l'acquête ou le relief du métier et leur défendit d'employer plus d'un ouvrier ; il leur ordonne aussi de demander l'autorisation des gouverneurs pour pouvoir tenir un apprenti.

DES CARDEUSES.

Il était enjoint aux cardeuses de ne se servir que de bonnes cardes et de vêtir pendant leur travail un tablier en peau, ceux

---

([1]) Ceux qui faisaient peigner, filer ou carder devaient employer la livre pesant 5 marcs, à laquelle ils ajoutaient un quart.

([2]) L'aune de Liége mesure 22 1/2 pouces de Sᵗ-Hubert ou 68 centimètres.

de lin étant nuisibles à l'opération du cardage. En effet, si de petits filaments de lin venaient à se mêler à la laine, ne prenant pas comme celle-ci la teinture, ils occasionnaient des imperfections dans le drap.

DES FILEUSES.

La fileuse rendait en écheveaux (*fileits*) au propriétaire la laine cardée qu'il lui avait remise ; ces écheveaux devaient sous peine d'amende être aussi bien travaillés au dedans qu'au dehors.

Aucune peigneuse, fileuse ou cardeuse ne pouvait avoir de poids chez elle ; de cette façon elle était obligée de rendre fidèlement et intégralement toute la laine qu'on lui avait confiée sans être tentée de dérober ce que, en pesant, elle aurait trouvé de trop ; de cette façon aussi elle ne pouvait contrôler son maître en qui elle devait avoir confiance. Si cependant elle soupçonnait celui-ci de lui donner à travailler plus que la quantité convenue, elle pouvait demander à un wardain de faire peser gratis la laine à la halle. On punissait d'une amende l'ouvrière qui, pour donner plus de poids à ses écheveaux, les mettait dans un lieu humide ou y mêlait de la terre mouillée (¹).

DES TISSERANDS.

Le membre des tisserands formait la compagnie de Sᵗ.-Severin.

Avant de commencer une pièce de drap, le tisserand devait déposer chez les wardains sa marque ou celle de son maître.

La lisière de chaque pièce doit porter un *pater noster* en plomb pour que les wardains après l'avoir examinée puissent la sceller. L'ouvrier peut s'en dispenser lorsqu'il fait du drap appelé *féauté*

______
(¹) Ces usages étaient encore observés en 1843.

pour l'usage personnel d'un bourgeois, à condition d'y appliquer sa marque, une demi croix et de ne pas faire de lisière.

Pour les empêcher de faire du tort à leur maître par prodigalité ou par négligence, on défendait aux tisserands de jeter plus de 6 fils d'une demi aune de longueur hors d'un gros tas ou écheveau ; plus de 8 fils de 3/4 d'aune de largeur hors d'une pièce large, et plus de 12 fils d'une aune de longueur hors d'une pièce étroite.

Il fallait qu'une pièce de drap fut parfaitement unie d'un bout à l'autre et aussi bien tissée au milieu qu'au commencement ; si elle présentait un défaut, les règlements obligeaient l'ouvrier à couper la lisière tout le long du bord correspondant à ce défaut.

Lorsqu'un drapier se trouvait par hasard avoir trop peu de trame pour finir son drap, il pouvait l'achever avec une autre trame aussi bonne que la première ou meilleure ; dans ce dernier cas, il pouvait même faire le *manteal* plus long ; mais pour éviter tout soupçon, le tisserand « jetait une lisse tout outre apparente entre deux ».

La pièce achevée, le tisserand la portait aussitôt à la halle à l'heure ordinaire et la faisait examiner par les wardains en ayant soin de cacher les marques. Il payait une amende d'une livre pour chaque déchirure ou « patte de chat de trois sorfils ».

Muni du sceau des wardains, le drap était porté aux foulons ; si ceux-ci trouvaient qu'il avait trop peu de trame *pour en faire œuvre de raison*, il était coupé en trois et ne pouvait être ni scellé ni vendu, à moins que le drapier auquel il appartenait ne vint déclarer aux wardains que c'était par son ordre que le tisserand n'avait pas donné plus d'*étoffe* à son drap. Dans le cas contraire, ce dernier était à l'amende et tenu de rembourser au drapier les dommages qu'il lui avait causés.

Il était défendu de tisser à la lumière des chandelles autre chose que des sayes, xhafures, et autres tissus blancs ; le drap étant teint en laine ne pouvait convenablement se filer qu'à la clarté du jour.

Un compaguon tisserand d'une des 17 bonnes villes du pays, pouvant prouver sa bonne réputation et son aptitude était admis à l'acquête du membre, c'est-à-dire comme ouvrier compagnon du métier pour 4 florins ; le 15 octobre 1553, on trouva que cet usage causait trop de tort aux tisserands de la ville et on obligea les étrangers à travailler 3 ans dans la cité comme ouvriers avant de les admettre à l'acquête.

DES FOULONS.

Un drap ne peut être foulé s'il ne porte le scel du métier apposé par les rewards. Tout drap foulé doit également porter l'enseigne de celui qui l'a foulé afin que le propriétaire puisse lui réclamer des dommages au cas où il ne l'aurait pas bien foulé, *décraissé*, *enbersé*, *bertodé*, *appointé*, *lainé* et *paré*, où il y aurait fait plus de 4 *vilains traits*, et où il ne lui aurait pas conservé sa première largeur ; si le foulon prévoit qu'il ne pourra pas lui garder cette largeur, il doit en prévenir les rewards ; ceux-ci sont juges des dommages causés par la négligence de l'ouvrier et fixent la somme qu'il doit payer de ce chef au propriétaire du drap.

Les foulons ne peuvent travailler en même temps du drap nouveau et du vieux ni employer des *gardes de fer*, qui ôtaient de sa force au drap, sous peine d'amende les deux premières fois et de privation du métier la troisième

Les rewards ont la haute inspection des draps foulés ; ils peuvent renvoyer à la foulerie une pièce mal préparée avec la condition de l'améliorer dans les trois jours, et en cas de refus la faire travailler par un autre foulon aux frais du récalcitrant.

Le drapier convaincu d'avoir accepté des draps foulés non rewardés et ceux qui les lui ont fournis sont privés du métier ; pour empêcher ces fraudes les rewards ont le droit d'arrêter en route et d'examiner toute pièce allant à la foulerie ou en revenant.

Le prix du foulage étant fixé par les règlements, un foulon ne peut accepter moins ni davantage sous peine d'une amende qui frappe également le drapier avec lequel il aurait fait accord.

Un maître foulon ne peut tenir chez lui qu'un seul apprenti; il lui est défendu de faire crédit à un maître drapier et d'avancer de l'argent à son ouvrier sur l'ouvrage que celui-ci a à faire à moins qu'il soit malade.

DES TEINTURIERS OU TINDEURS.

Les teinturiers sont obligés d'employer de bonnes et loyales denrées; s'ils se servent de noix de galle, de couperose, de chaux ou d'autres matières défendues, ils sont tenus de réparer les dommages et privés pour toujours du métier.

Chaque fois qu'ils veulent teindre ou *jeter hors de bouillon*, ils doivent en avertir les wardains qui viennent assister à l'opération.

Ils ne peuvent conserver plus de huit jours chez eux une pièce d'étoffe et sont responsables des déchirures ou autres dégats qu'ils y font.

Après avoir teint un drap *sanguine* et *brunette*, ils devaient lui donner *waize*, puis, muni de leur marque, le porter à la halle où il était visité par les rewards qui le scellaient ou, s'ils le trouvaient mal teint, ordonnaient de le *rebouter dans le waize*.

Les wardains marquaient avec une *stampe* en fer particulière les *pessots tout blancs*; ils devaient au moins deux fois par semaine aller chez les tindeurs pour faire la visite des draps blancs qu'y avaient envoyé les nobles, les gens d'église et les bourgeois et voir si on leur avait bien donné la *couleur de loi*; s'ils n'en étaient pas satisfaits, ils pouvaient obliger les teinturiers à les reteindre ou à les garder pour eux. Ils avaient pour leurs peines par aune de drap teint 2 sols 6 deniers que les teinturiers payaient de 3 en 3 mois.

DE LA VENTE.

Toute pièce de drap, avant d'être mise en vente, devait avoir été reconnue bien tissée, bien foulée et bien teinte par les rewards qui, dans ce cas, y appliquaient le scel du métier; le propriétaire pour la soumettre à leur inspection était tenu de la faire porter à la halle avant 8 1/2 heures du matin ou 3 heures de l'après-midi; il ne pouvait assister à cet examen.

Les règlements défendent sous peine de confiscation et de privation du métier la mise en vente d'étoffe *scancellées* (lacérée) par eux ou munies d'un scel contrefait.

L'acheteur qui s'aperçoit qu'on lui a vendu un drap *faux et non loyal* doit le porter aux wardains qui le livrent aux bourgmestres de la cité pour être brûlé publiquement; le vendeur est ensuite condamné à restituer le prix d'achat et privé pour toujours du métier.

Aucun drapier ne peut colporter ni offrir son drap en vente chez les halliers, sur le marché ni dans les vinâves, parce que, sous ce prétexte, on vendait du drap étranger ou non rewardé (1527); il ne peut les débiter en détail que dans sa maison ou dans celles des retondeurs; de cette règle étaient exceptés les *rassettes* ou *karsée*, *xhafures*, *bayettes*, *fourures*, *stain sur stain*, à la condition que le propriétaire lui-même ou une personne bien connue de sa famille se chargeât de la vente; il était toutefois interdit d'acheter des pièces de cette façon aux drapiers dans le but de les revendre (25 avril 1589).

Il était enfin défendu d'*enpacker* des draps non rewardés avec des pièces scellées et de les revendre dans cet état (1527).

DES DRAPS ÉTRANGERS.

Le règlement de 1527 déclare qu'on ne peut vendre à Liége aucun drap étranger, s'il ne porte la marque des rewards de la bonne ville où il a été fabriqué.Muni de cette marque, on pouvait le vendre à certains jours dans la halle du Palais; mais il était défendu de le colporter dans les rues ; celui qui était convaincu d'en avoir acheté ou reçu chez lui était privé du métier.

Le 19 juin 1589, les officiers ayant reconnu que les halliers achetaient et revendaient du drap étranger privé de marque, ordonnèrent, sous peine de confiscation, de conduire tout droit à la halle toute marchandise venant du dehors pour être vendue, foulée ou teinte, et de la soumettre à l'examen des rewards. Les draps de Verviers eux-mêmes n'étaient pas exempts de cette visite. Les pièces *illégales*, c'est-à-dire mal fabriquées, étaient renfermées à la halle et marquées de deux plombs; celles qui étaient bonnes pouvaient être vendues les mercredi et vendredi de chaque semaine par les fabricants ou les membres de leur famille, mais non par les revendeurs, *facteurs*, *cultiers* et *cultresses* (9 mai 1671).

Toute pièce de drap étranger entrant dans la cité devait payer le 60me que ce fût pour la vendre, pour la fouler ou la teindre; plus, 1 patar pour la halle, 1 pour le wardain commis à la visite et 3 pour le magistrat de la cité.Tout drapier, retondeur, tindeur, *cultier* ou facteur devait sur la simple réquisition des rewards prêter serment qu'il n'avait pas clandestinement introduit du drap sans payer le 60me (9 mai 1671 et 24 avril 1700).

Les foulons qui recevaient des étoffes étrangères à travailler devaient d'abord s'assurer qu'elles étaient munies du scel des wardains de Liége; puis ils donnaient au commis de la halle une liste de ces draps avec le nom de leur propriétaire et leur destination (24 avril 1700).

Si un maître du métier, ayant fait relief, allait s'établir à Huy, Visé,Tongres ou ailleurs dans la principauté, il était mis au même rang que les drapiers de Verviers et pouvait vendre son drap à Liége à la céarrie du prince (5 mai 1637).

Le tableau que nous venons de tracer, représente, avec tous les détails que nous ont conservé les chartes, le métier des drapiers pendant le XVIe siècle et la première moitié du XVIIe. C'est la plus belle période de son histoire, l'époque de sa plus grande prospérité. Tout contribuait du reste à favoriser l'essor de l'industrie ; la participation des métiers au gouvernement de la Commune leur assurait une existence indépendante,la protection des magistrats et toute espèce de privilèges démocratiques. D'un autre côté, la paix extérieure permettait aux commerçants et aux industriels de s'appliquer à leurs affaires que les luttes de religion ne parvenaient que rarement à interrompre. Aussi la corporation était-elle alors très nombreuse : en 1550, 80 compagnons assistaient aux séances, et en 1571, on en voit figurer plus de 150.

On a pu s'apercevoir que le règlement de 1527, quelque bien étudié qu'il fut, exigea plusieurs fois des éclaircissements, notamment en 1542, pour des questions de pratique, en 1553 pour des points d'usance particulièrement au sujet de l'élection des officiers.

Dans ces documents, la multiplicité et la minutie des détails nous étonnent ; ils étaient cependant bien nécessaires. En effet, tout devenait matière à procès dans ces temps de rivalités personnelles ou de caste et d'égoïsme. Le moindre paragraphe douteux donnait lieu à des chicanes et à des débats interminables. Fatigués de ces querelles qui les épuisaient, les deux métiers réunis des drapiers et des retondeurs prirent, le lendemain du jour des Rois 1550, une décision par laquelle on obligeait tous les compagnons, avant de s'adresser aux juges ordinaires, à porter leurs discussions devant un tribunal particulier et officieux composé de 8 députés (4 drapiers et 4 retondeurs), des wardains, des gouverneurs, des jurés, des 4 de la Violette et des maîtres des membres. Si l'une des parties se croyait par leur sentence lésée dans ses droits, elle pouvait encore, si elle le jugeait à propos, recourir à l'autorité judiciaire des échevins.

Cette institution produisit les meilleurs effets. La corporation ainsi organisée parcourut sans secousses violentes une ère brillante de près d'un siècle de durée. De temps à autre, suivant la nécessité ou les circonstances, elle décrète quelques dispositions nouvelles soit par recès pris en séance, soit par lettres approuvées par les échevins. On remarque qu'à partir de 1650 toutes les mesures administratives sont publiées sous forme d'édits du prince : c'est ainsi qu'en 1671 une ordonnance de Jean Louis d'Elderen règle la question des draps étrangers et même le prix des acquêtes et le salaire des wardains, et ce, sous prétexte « d'augmenter le négoce et commerce, tant entre les bourgeois de Liége qu'avec les voisins, pour appaiser les plaintes nombreuses qu'on lui adresse au sujet des règlements et pour pouvoir conserver, sans inconvénient et sans désordre, la draperie dans sa cité. »

III

Période de décadence, 1650 à 1794.

Au moment où la domination inflexible des princes de Bavière pesait sur toutes les institutions démocratiques et restreignait autant que possible les libertés du peuple, le besoin de cette même liberté se faisait sentir d'une manière impérieuse pour assurer les progrès et même le maintien de l'industrie drapière que le système des règlements étouffait. On en trouve la preuve dans les moyens frauduleux que ne cessent d'employer les fabricants pour multiplier leurs opérations et dans les concessions toujours plus étendues que les chefs de l'Etat sont obligés de faire à chaque instant pour arrêter le dépérissement de cette branche du commerce.

Les drapiers commencent par donner aux draps étroits qui ne devaient mesurer que 3 aunes et un demi-quart, un plus grand nombre de fils afin de les faire passer pour du drap de grande largeur. Puis ils fournissent aux compagnons des *stains*, *traimes d'outoirs*, laines, etc., pour les travailler clandestinement à domicile (1639). Enfin ils établissent chez eux plus de métiers que ne le permettaient les lois. Les officiers étant ordinairement des drapiers riches, loin de réprimer ces abus qui écrasaient les compagnons peu fortunés, les favorisaient pour en profiter eux-mêmes. Ils négligeaient aussi de surveiller la fabrication qui devenait de plus en plus mauvaise. Les petits maîtres ne pouvant plus supporter la concurrence s'expatriaient ou se mettaient au service des riches, de façon que le nombre des ouvriers s'accroissait dans une proportion démesurée.

Cet état de choses devint à la fin intolérable pour les fabricants peu aisés qui, en 1596, adressèrent au prince des réclamations *piteuses*.

Ernest de Bavière, « par humanité et pour sauver l'honneur de la république » confirma le règlement de 1542 en défendant aux tisserands de faire travailler en même temps plus de deux métiers, et en fixant de nouveau la longueur et la largeur des différentes étoffes.

Pour restreindre le nombre des *ouvriers dele main*, il éleva en 1617 les droits d'apprentissage et d'acquête, et en 1637, formula une ordonnance contre les fabricants qui employaient dans la cité des peigneurs ou autres artisans étrangers au détriment des compagnons du métier ; ceux-ci avaient profité de l'occasion où l'on élisait les rewards pour faire entendre de nouvelles plaintes auxquelles il fut aussitôt fait droit par la défense de faire travailler des ouvriers étrangers.

Toutefois le besoin d'affranchissement était trop général pour qu'il fût possible de maintenir la draperie liégeoise dans les anciennes et étroites limites tracées par les règlements, et bientôt on voit le prince permettre aux drapiers de mettre en œuvre chez eux jusque 4 métiers et autant de serviteurs à la fois. Ils avaient demandé de pouvoir en établir un nombre indéterminé ; mais la plupart des compagnons avaient réclamé en disant que les pétitionnaires étaient des étrangers qui, par suite des grandes affaires qu'ils faisaient, les empêchaient eux-même de vivre et de songer à prendre des ouvriers pour leur petite besogne.

La loi une fois enfreinte, il n'y avait pas de raison pour s'arrêter ; les drapiers continuèrent leurs sollicitations, et en 1659, on leur permit d'avoir 5 métiers ; les petits fabricants recommencèrent leurs doléances et leurs suppliques dans lesquelles ils dévoilaient toute espèce d'abus, désignaient tel maître qui employait jusqu'à 20 *staus bastans* chez eux et appelaient l'attention sur un certain Philippe Gentil, marchand de Liége, qui faisait fa-

briquer des étoffes de laine à la mode de France, en achetait à
d'autres marchands, puis les envoyait teindre, apprêter, presser
et souffrer à Anvers, Rotterdam et Leyde parce qu'à Liége il ne
trouvait pas d'ouvrier capable, et y fesait ensuite appliquer un
sceau comme si elles avaient été manufacturées à Liége. Le seul
remède efficace pour remédier au mal eut été de le couper dans
sa racine, en faisant exécuter à la lettre le règlement de 1542 relativement au nombre des métiers. Mais cette mesure n'était plus
possible, et, le 22 octobre 1678, le prince fut obligé de consentir
à une nouvelle transaction par laquelle les drapiers étaient autorisés à posséder 6 métiers ; ils devaient toutefois, pour la longueur et la largeur des draps, s'en tenir aux anciens statuts. Enfin,
en l'an 1700, pour procurer du travail aux nombreux ouvriers de
la cité et des villages voisins, il fallut prendre exactement la mesure opposée à celle qu'on avait adoptée jusqu'en 1650 pour
protéger la petite industrie, et l'on permit à chaque fabricant
d'établir jusqu'à 9 métiers chez lui et 3 au dehors « pour le sou-
lagement des pauvres ménagers. »

Ces infractions successives à la loi fondamentale du métier dé-
notent dans l'industrie drapière à Liége une période de décadence. La prospérité commerciale et manufacturière à laquelle
s'était alors élevée la ville de Verviers, contribua à l'amener; ses
fabricants, par la perfection de leurs tissus, par leurs relations
qui s'étendaient par toute l'Europe et jusque dans les Indes [1],
faisaient aux drapiers liégeois une concurrence que ceux-ci
n'étaient pas en état de soutenir. Ajoutons que les discordes qui
agitaient alors le pays et troublaient les opérations pacifiques
du commerce, occasionnaient l'émigration d'un grand nombre de
fabricants en tous genres, mais particulièrement des drapiers et
des forgerons auxquels on faisait espérer à l'étranger de brillants
avantages.

[1] Henaux. *Histoire de la bonne ville de Verviers.*

Ces émigrations prirent un caractère tellement inquiétant que, dès le 11 mai 1699, le prince songea à les empêcher par des moyens énergiques. « Attendu, dit-il, qu'il y a de mes bourgeois et sujets qui, oublieux du devoir de la fidélité de véritables sujets, s'établissent ailleurs au détriment du commerce de leur pays, ce qui va à la perte entière de la patrie, » il ordonne à tous les émigrés de rentrer dans les 15 jours à Liége sous peine d'être privés à perpétuité, eux et leurs descendants, du droit de bourgeoisie, et défend aux ouvriers liégeois de sortir de la principauté pour aller ailleurs ériger des manufactures ou contribuer de quelque façon que ce fût à leur établissement.

Ces décisions furent spécialement renouvelées le 6 février 1721 pour les fabriques de drap dans les termes suivants : « Étant informé que plusieurs personnes de nos sujets.... malgré les défenses sérieuses faites par nos mandements, se présumeraient de vouloir établir au grand préjudice de leur patrie, des manufactures de draps, de laines et pareilles dans les provinces étrangères, subornant et corrompant par des promesses de salaire considérable et autres moyens illicites, les ouvriers et autres surcéants de notre principauté de Liége pour les en tirer, faire domicilier et établir dans des provinces étrangères, ce qui pourrait ruiner et détourner le commerce qui est déjà fort affaibli et diminué (ce qui est une désobéissance criminelle qui approche d'une félonie ouverte digne de chastoy public, comme tendante à la destruction du commerce établi dans notre pays de Liége et à la ruine de nos fidèles sujets) : après avoir considéré les suites dangereuses et fatales conséquences de ces entreprises pernicieuses, nous avons renouvelé les mandements, etc. »

Quatre édits successifs modérèrent le mouvement, mais ne l'arrêtèrent pas; l'industrie drapière continua à décliner à Liége. Le régime étroit des corporations, ayant pour principe la négation de la liberté du travail, commençait à porter ses fruits. L'état déplorable où se trouvait l'industrie drapière à Liége,

ouvrit sur la nécessité de cette liberté les yeux des administrateurs, bien longtemps avant l'époque où la France, sur le rapport
de son ministre Turgot, proclama la première abolition des
métiers. Nous trouvons en effet dès le 11 juin 1703 une ordonnance du Conseil impérial abolissant l'impôt d'un liard se payant
dans la cité sur chaque pièce d'étoffe travaillée par les drapiers
et leurs ouvriers et *supprimant les visites des rewards chez eux.*
L'annulation de ce dernier article fondamental des chartes du
métier était un premier pas fait vers l'indépendance. Mais
d'autres circonstances contribuèrent à rendre cette mesure
inefficace pour relever à Liége la fabrication du drap; elle ne
servit même qu'à accélérer la désorganisation. En 1724, les
drapiers se plaignent de l'affluence des étrangers qui, achetant
à vil prix le droit de travailler, arrachent l'ouvrage aux pauvres
ménagers. En même temps les maîtres, malgré les édits des
princes, aggravent encore la position de ces ménagers, en donnant leurs pièces à travailler au dehors ; de cette façon la main
d'œuvre leur coûtait même moins cher, car les ouvriers des
petites villes et des campagnes ne payant aucun droit à l'Etat,
se logeant et se nourrissant à peu de frais, travaillaient à meilleur compte (¹). Le prince, dans le but de rendre la vie à l'industrie liégeoise, défendit cet expédient par un édit du 11 septembre 1734. Mais ce fut inutilement.

Les Etats avaient déjà, avec aussi peu de succès, tenté d'arrêter le dépérissement de la draperie en protégeant ce métier aux dépens des fabricants de Verviers. Profitant de ce que

---

(¹) Voir les ordonnances du 11 sept. 1734, 30 août 1741, 12 sept. 1749. « Le
métier remontre au prince que depuis plus de 20 ans un nommé P. Massart, drapier
de Liége, emploie des ouvriers du dehors qui viennent chaque semaine chercher chez
lui des chaines de laine pour fabriquer des pièces de saye qu'ils rapportent ensuite,
ce qui est contraire aux chartes qui, pour le bonheur de la cité, veulent empêcher
les ouvriers résidants au dehors de travailler chez eux, d'y dresser des staus au
préjudice des ménagers de la cité qui seraient bientôt réduits à mendier. Alors on
les verrait s'établir à Herstal ou ailleurs où ils ne paieraient aucun droit de consommation à l'Etat, etc. »

les bourgmestres de cette ville avaient conservé le tiers de
l'impôt des 24 patars sur le muids du braz, ils révoquèrent
l'exemption d'un droit appelé le soixantième qui se percevait
sur toutes les marchandises du pays à leur entrée à Liége et
dont les draps de Verviers étaient depuis longtemps affranchis
par divers octrois de nos princes. Ils avaient encore essayé de
ce moyen en 1682, mais, à cette époque, les Verviétois avaient
chassé, les armes à la main, les soldats allemands envoyés pour
contraindre la bourgeoisie au payement de la taxe. Cette fois
encore toute la ville se révolta ; les principaux fabricants firent
sortir leurs draps par la violence, et souvent des luttes san-
glantes s'engagèrent entre eux et les percepteurs des Etats ;
ceux-ci envoyèrent plusieurs fois des troupes qui n'obtinrent
aucun succès, de façon qu'ils furent obligés de diminuer la taxe
de moitié ; toutefois les troubles continuèrent et deux fois les
tisserands se mirent en insurrection ; la plupart d'entre eux
manquaient de travail et les autres n'obtenaient, pour prix de
leur labeur, que des marchandises qu'ils étaient ensuite obligés
de revendre à bas prix à leurs maîtres.

La mort de Joseph-Clément de Bavière vint offrir une occasion pour ménager un accomodement. La ville de Verviers re-
nonça au tiers de l'impôt des 24 patars et, en compensation,
les Etats abolirent pour 3 ans l'impôt du 60me sur les fabricats de
ses tisserands. En 1753, sur les vives instances des députés verviétois, cet impôt, qui pesait sur les laines à leur entrée et sur
les draps à leur sortie, fut définitivement aboli. Mais il était trop
tard. Là aussi l'émigration avait commencé et, pendant de
longues années, le commerce de Verviers fut en souffrance. Les
droits énormes de douane établis vers 1740 sur les draps par le
gouvernement des Pays-Bas, dans le but de protéger les manufactures limbourgeoises, n'avaient pas peu contribué à amener
cet état de choses, qui dura jusqu'en 1757, époque de la guerre
de 7 ans ; alors le commerce se ranima, les ouvriers se firent
payer en argent et Verviers produisit 60 à 70 mille pièces par an.

Lith. L. Severeyns, à Liège.

S. Bormans, Mémoire sur les Drapiers

A cette époque, on ne fabriquait plus guère à Liége que des serges, des moutones et autres étoffes communes comme dans quelques villages des environs de Verviers. Mais cette fabrication était encore assez importante. On comptait dans le quartier d'Outre-Meuse plus de cent ménages possédant 8 ou 9 métiers et produisant au moins 20,000 pièces d'étoffes par an, qui se répandaient dans l'Europe entière ([1]).

Depuis longtemps les drapiers avaient abandonné les quartiers de St-Jean-Baptiste et de St-Georges pour se loger dans les rues Roture, Petite-Bêche, Grande-Bêche, Terre-en-Bêche et Derrière-les-Pottiers. Les foulons, de leur côté, avaient quitté le moulin de Beaurepart et s'étaient établis dans le quartier qui porte encore aujourd'hui leur nom; les teinturiers habitaient tout près. Lorsque les tisserands d'Outre-Meuse portaient leurs laines à teindre ou leurs draps à fouler, ils ne payaient que la moitié de la taxe pour le passage du pont pour aller et revenir.

Quelques anciens liégeois se rappellent encore avoir connu dans leur jeunesse les petits drapiers de Bêche et vu leurs maisons dont la disposition intérieure était à peu près uniforme. Le rez-de-chaussée et le 1er étage étaient réservés à la famille; on communiquait de l'un à l'autre et aux autres étages par une espèce de large échelle qui n'occupait que fort peu de place. Le second était occupé par cinq staus ou métiers et le grenier par 4 autres auxquels travaillaient les plus jeunes ouvriers ; le peigneur se tenait debout à une fenêtre du grenier ([2]). La planche ci-contre représente un tisserand à son métier, ayant derrière lui un pot de peigneur ([3]).

([1]) C'était avec de la serge qu'on faisait les failles, sorte de manteau dont toutes les femmes se servaient au commencement de ce siècle, les rideaux des lits dans les maisons particulières des bourgeois et des hôpitaux, les chemises des religieux dans les ordres mendiants, etc.

([2]) La fumée produite par les 5 lampes (*cressets*) du second étage, s'ajoutant à celle des 4 lampes du grenier, rendait celui-ci très-incommode en hiver.

([3]) Ce dessin est tiré du registre aux métiers de la famille Houltain et accompagne un relief de l'an 1607. Il nous a été communiqué par M. le notaire Dumont.

Souvent tous les ouvriers d'un même atelier étaient parents, car tous les membres de la famille, même les maîtresses et les filles de la maison, participaient au travail. Ces dernières *sopaient, cherpaient*, jetaient de l'huile sur la laine, etc.,chez les plus riches fabricants. C'est peut-être là la cause de la politesse et de l'honnêteté proverbiales qui distinguaient les drapiers de Liége au commencement de notre siècle ; on sait toutefois que dans d'autres métiers, par exemple dans celui des tanneurs, les femmes prenaient aussi une part active dans certaines opérations relatives à l'industrie de leurs maris ou pères.

Les fêtes et les réjouissances du métier des drapiers se sont en partie perpétuées jusqu'à nos jours. C'est ainsi qu'à la St-Nicolas, le fabricant distribue à ses ouvriers un *cougnou*, à la nouvelle année une *waffe*, à Noël *on quârlet* contenant un morceau de *trippe*. A la St-André, on célèbre la fête du patron et tous les *spouleux* chôment ; le maître ne peut se passer de les remercier en les indemnisant de leur frais, mais il attend le jour des Rois *po r'mouyi s'bouquet*. Enfin, continuant une ancienne tradition exprimée par ce dicton « *à St-Blaise, les teheux sont maisses,* » les tisserands ou du moins la plus grande partie d'entre eux, chôment, nous ne savons pourquoi, le jour de St-Blaise.

Mais ce qui depuis longtemps est passé de mode, ce sont les habitudes religieuses : la messe entendue en commun à la fête du saint sous le patronage duquel la corporation était placée [1], les prières faites à genoux et par groupes devant les niches nombreuses placées au bout des rues ; tous les soirs au sortir de l'atelier ; l'habitude de cesser les samedi, tout travail une demi-heure avant le temps ordinaire pour réciter à haute voix les litanies de Notre Dame.

A côté des maîtres et des ouvriers s'était formée probablement au XVIIe siècle une troisième classe intermédiaire de travailleurs

---

[1] St-Sévère qui, d'après une légende, avait crevé un œil au diable avec la pointe d'une navette ; sa statue se trouvait dans l'ancienne église de St-Nicolas.

qui s'appelaient façonnaires, parce qu'ils fabriquaient du drap à
la façon pour le compte d'un autre. « Un capitaliste leur fournissait la laine et toutes les matières premières et traitait à tant par
pièce ou aune, abandonnant ainsi aux façonnaires tous les soins
de la confection et se réservant seulement ceux du placement
des produits. Ce système avait eu pour résultat de donner une
certaine diffusion à l'industrie lainière. Avec peu d'argent on devenait aisément façonnaire, tout, excepté le foulage, se faisant à
la main. L'ouvrier et le façonnaire allaient presque d'égal à égal ;
mais ce dernier subissant les exigences du marchand, en laissait
retomber une bonne partie sur l'ouvrier. « Il était d'usage parmi
les façonnaires d'exposer publiquement certains dimanches et
jours de fêtes de l'année, leurs plus beaux frabricats au profit
des pauvres ou des églises (¹). » Les façonnaires qui du reste,
étaient rares à Liége, tandis qu'à Verviers et dans ses environs
ils étaient très-nombreux, disparurent lorsque les machines vinrent remplacer le travail des mains.

(¹) Nautet. *Notices historiques*, Verviers, III, 28.

Gouverneurs du métier des drapiers.

1320 Johan Alar, *maistrè*.

1329 Goffins li Vachos.

1334 Wilheame Gruodins, Piron Demissions, Johan Benois, Gilons Bizenhaie, *hiretirs*.

1365 Johan de Lambermont, *ung des quattre esleus*.

1367 Lambert Roseaux, Giles li Garsons, Pirons dit Sanson, Remey Halebache, *mambors et porveoirs por le temps du mestier*.

1428 Linar Banneresse, Henri Requerson, *gouverneurs*.

1435 Soghier de Geneffe, Renkins de Castealz.

1458 Piron Lantremange, Lambert de Grasce.

1477 Jean delle Vaux, Johan Tiskin.

1478 Johan Daras, Mathias de Tongres.

1479 Mathias de Tongres, Johan Tiskin.

1480 N. de Vinamont, Connart delle Cop d'oire.

1481 Johan Grégore, Gérard d'Aspe.

1482 Connart delle Cop d'oire, Johan Amont.

1483 Johan le Drappier, Michar....

1484 N....., Connart delle Cop d'oir.

1485 Johan Grigore, Renchon le Tindeur.

1486 Johan Tiskin, Johan Amont.

1487 Johan Grégore, *alle nouvelle modération*.

1488 Gillet d'Heur, Henri Chapoilhon (Copilhon).

1489 Lynart le Follon, Staskin Teewis.

1490 Johan Tiskin, Tittus Riwet.

1491 Renchon le Tindeur, Lynart le Follon.

1492 Henri Chapoilhon, Wouthier van Ham.

1493 Johan Gillet, Johan Davingnon.
1494 Wouthier van Ham, Michiel le Barbier.
1495 Lynart le Follon, Stas Teewis.
1496 Michiel le Barbier, Johan Davingnon.
1497 Woutier van Ham, Johan Joesman.
1498 Tittus Riwet, Stasse Teewis.
1499 Gillet d'Heur, Ghiskin Gronselt.
1500 Joiris le Drappier en Choke, Godefrin de Treit.
1501 Gillet d'Heur, Willem de Pare dit le Manoyr.
1502 Ghiskin Gronselt, Jacob Hextelman.
1503 Godefrin de Treit, Joris le Drappier.
1504 Wouthier van Ham, Piron Beulevin.
1505 Godefrin de Treit, Joris le Drapier.
1506 Stas Teewis, Gonthier de Hódeige.
1507 *Du temps de la paix de S\u1d57-Jacque*, Jacob Hextelman.
1508 Johan Bertollet, Rynard d'Oupye.
1509 Wilyem le Manoyr, Symon de Venta.
1510 Lynar delle Merdue, Lambert Brocar.
1511 Godefrin de Treze, Heury Cornez.
1512 Lynard delle Merdieu, Gonthier de Hodeze.
1520 Brocka, Godelet.
1521 Anthoene Jamar, Henri de Jerson.
1527 Jacob Exterman, Robert de Goez (Goyet).
1528 Collart Bareit, Piron le Follon.
1529 Lambert Brockart, Johan de Verd cheval.
1530 Jacob Hexterman, Gonty de Hodeige.
1536 Jean Wathi, Thomas de Hodimont.
1538 Johan le Naltier, Piron de Chesteau.
1540 Guillaume Bure, Gilet Dirick.
1541 Collart Bareit, Henry Jacob.
1542 Johan de Malmendie, Johan de Parfontvaulx.
1544 Johan Godelet, Johan Naletier.
1546 Johan Teste dit des Weynes, Henry de Fowedar.
1548 Johan Goddelet, le jeune Berthollet.

6

1549 Piron Loys, Toussaint Hannea.
1551 Toussaint le Harpeur dit Hannet ou Hannea.
1552 Johan de Malmendie, Henri Jacob.
1553 Wilheame Beure, Johan de Parfontvaulx.
1554 Toussaint Hannea, Collard de Grandauz.
1555 Johan Wauthier, Colley de Fléron.
1556 Toussaint Hannea, Gielet de Herbet.
1557 Wathier Liverloz, Piron Henrar.
1558 Collar de Fléron, Colleie Sacreit.
1559 Collar de Grandauz, Lambert de Hermée.
1560 Bertrand de Longdoz, Johan Heine.
1561 Lambert de Hermée, Collart Sacreit.
1563 Toussaint Hennea, Léonard Pirson.
1564 Collaire de Fléron, Johan Gilvaer.
1566 Nicolas de Fléron, Hubert Bure.
1568 Johan Jacquet, Simon Pirson.
1569 Martin de Malmeudie, Menjoie delle Xhurre.
1570 Piron Tongerlo, Remey de Franchimont.
1571 Stas Tewis, Lambert de Preit.
1572 Gielet de Looz le jeune, Johan de Velroux dit Gros Johan.
1578 Johan de Velroux, Thiry de Liexhe.
1579 Hubert Bure, Piron de Liexhe.
1580 Jamysin Marckon.
1581 Jacquemin Raudaxhe, Giele de Houtain.
1582 Thiry de Lixhe, Wathier delle Haye.
1583 Hendrick de Hers, Henri Heine.
1587 Lambert Warnotte, Giele de Houtain.
1588 Wery Wertea, Johan Cloechet.
1590 Martin de Malmendie, Henri Brockar (ou Hendrick d'Heur ?).
1591 Martin de Malmendie, Gielis Herbet.
1592 Lambert Warnotte, Woelt de Houtain.
1593 Thiery de Lixhe, Giele de Houltain.
1594 Gielis Herbet, Badon de Hayeneux.
1595 Giele de Houltain, Wery fils Johan Wery.

1596 Thiry de Liexhe, Baulduin le Blavier.

1599 Johan Cloechet, Gérard Lybotte.

1600 Lambert de la Croix, Gérard Lybotte.

1602 Gérard Lybotte, Anthoine Jacquet.

1603 Mathi de Trooz, Jehan Bodeson le jeune.

1608 Johan Bodechon, Gielle Herbet.

1609 Henri de Beaufays, Thiry Genchine.

1610 Henri de Beaufays, Johan de Bodechon.

1613 Jehan de Solleil, Servas Gillet (^{1}).

1614 Henri d'Odeur, Pier Bomersom.

1618 Jean Bovegnistier, Toussaint de Riwe ou de la Rue.

1642 Henri Gentil, Jean Gathy.

1653 Englebert de Chesteau, Halet de Walrant.

1676 Hubert Cajoz, Jean Rigaz dit Cortis.

1677 Jean le Forgeur.

1678 Pierre Jacque dit Trouillet.

1683 Jean le Brun, Paul Gilman.

1684-1690 Léonard Bayar.

1698 Abraham Nagant.

1699 Jean Houtain.

1704 Abraham Nagant.

1705-1706 Pierre Waonry.

1710-1711 Abraham Nagant.

1715 Hubert de Salme.

1716 Nicolas Arbinet.

(1) Les principaux drapiers à cette époque étaient : H. Dodeur, P. Bomersom,
L. de Chestea, J. Bodechon. G. de Riwo, T. Ghenchine, G. de Herve, C. de Fosseit,
C. de Pireux, R. de Fraisne, A. Jacquet, W. Trongtea, G. Herbet, P. Gentil,
R. Gérard, F. de Vivegnis, R. de Looz, H. Billock, H. de Baufays, A. Thonnar,
J. Bovegnistier, F. Lefcbve, H. de Heers, H. de Rocourt, P. le Bresseur, D. de Vo-
temme, S. del Fosse, A. Halen, L. de Laminc, M. Dheur, L. Derecourt, Grigo
Marcé, Fr. Dawans, M. Tilman, J. de Salme, C. Namuron, H. Dardenne, J. Pepins-
ter, J. Babe, J. Ansea, Cornet de Hesta, C. de Bierses, G. Herbet, J. Gérard,
C. de Gomsé, Al. de Thier, J. de Pollen, A. de Housse, Halet de Warnant, J. de
Looz, G. de Voroux. M. Rasier, etc.

1717 Joseph Renotte.
1719 Guilleaume de Fize.
1721 Joseph Renotte (¹).
1722 Guilleaume de Fize.
1723 Joseph Renotte.
1726 Toussaint Damaffe.
1728 Jean Colson.
1729 Toussaint Damave.
1730 Pierre Waonry.
1732 Eustache Chefneux.
1736-1739-1742 Jean Houtain.
1749 Gille-François Colson.
1750 Toussaint Damave.
1751 Jean Houtain.
1752 Toussaint Damave.
1766 Jean Houtain.
1767 Houssa.
1769 Simonis.
1770 Colson.
1771 Houssa.
1775 Colson.
1783 Houssa.
1793 Bayar.

(¹) En 1724 on trouve les noms des drapiers suivants : N. et Nic. Detrixhe, J. Th. Lejeune, Fr., M. et G. des Troisfontaines, J. Wathieu, N. Mordan, G. Bertrand, Ar. Warnand, M. Malchair, H., L. et O. de Saive, M. Lahaye, S. Franck, J. de Micheroux, L. Deschamps, A. Grivegnée, le commissaire Dumont, J. Renotte, T. Georis, G. L. Villegia, M. J. Moray, H. Goffart, D. Roland, G. Freson, J. Dozin, Fr. Colson, P. Zegherfisse, la veuve Pauly, Cath. Deur, C. Close, J. Roeterans, Gilman le Prince, D. Deneumolin, A. Francis, G. Tombay, T. de Faue, H. Fisse, G. Brahy, etc.

1249 2 août (*lundi après la fête S^t.-Pierre*). Reconnaissance d'un
prêt fait par plusieurs bourgeois de la cité au clergé et à
la ville de Liége, pour le rachat de l'impôt de la Fermeté.
(Documents inédits, n° I).

1323 1er févr. La lettre des Halles, touchant la vente du drap.
(Documents inédits, n° II).

1325 19 juin (*mercredi après les octaves de sacrement en resailh-
mois*). Sentence de 4 arbitres sur des difficultés entre les
maîtres foulons et leurs valets pour le salaire de ceux-ci.
(Documents inédits, n° III).

1330 18 févr. (*dimanche devant la fête de S^t.-Pierre coralle*). Achat
par le métier d'un terrain sur le thier des vignes pour y
établir des rames. (Documents inédits n° IV.)

1334 3 févr. (*lendemain de la purification N. D, condit chandeloir*).
Accord fait entre le métier des drapiers et J. Hanozet
ardoisier, pour couvrir la halle de Féronstrée. (Documents
inédits, n° V).

1343 26 févr. Acte passé devant la cour jurée de Gilons de Ma-
chey : Anne de Cor, femme de Jean Henroit de Preit, vend
à Piron Demisons, Goffins le Vachos et Gilon Bizenhaye,
drapiers, la maison de Faneit, située Hors-Château, pour
une *malhe* de cens. (Original sur parchemin ; sceaux enlevés).

1352 19 sept. Accord fait entre les maîtres foulons et leurs ouvriers au sujet du salaire de ceux-ci. (Documents inédits,
n° VI).

1353 16 janv. Acte passé devant Jehan Demisons, maire de la
cour du métier des drapiers à Liége. Gilles et Guilleaume
de Sumagne, *le tanoir*, donnent à leur frère Jehan, les deux
tiers des *wennes, stueves* et appartenances situées Hors-
Château contre le pont des tisseurs. (Original sur parchemin ; sceaux enlevés).

1365 11 nov. (*jour de la fieste de S^t.-Martin yvernal*). Le métier
achète un moulin avec foulerie entre Beaurepart et la
Boverie. (Documents inédits, n° VII).

1367 27 avr. Le métier accorde pour 3 ans à J. Kikimonde le
droit de peser la laine à la halle (Documents inédits,
n° VIII.)

1423 en mars. Discussion entre les maîtres et jurés de Herck
et les drapiers de Liége qui défendaient la vente du drap
dans la cité. (Echevins de Liége, III, 170 v°).

1423 1er oct. Le métier fixe pour 12 ans le salaire des foulons.
(Documents inédits, n° IX).

1428 1er mai. Ordonnance du métier contre la poursuite des
offices. (Imprimée dans le recueil des chartes, I, p. 223).

1429 26 nov. Serv. de Dolhain, gouverneur du bon métier de
la draperie, avait saisi au nom des rewards du métier,
du drap appartenant à H. Wynand, hallier, comme étant
mauvais. Celui-ci proteste déclarant que son drap porte
le sceau de la draperie d'Eycke, et que partant il pouvait
l'achcter et le vendre. Les échevins déclarent s'en rap-
porter au témoignage des rewards de Huy, Tongres,
Looz, Hasselt et St-Trond que l'on fait venir aux frais
du perdant et qui déclarent que le draps est mauvais.
(Echevins de Liége, n° 6, p. 152).

1433 28 janv. Commission du métier pour poursuivre les compagnons complices de Mathieu Dalhin (Documents inédits,
n° X).

1435 10 mars. Tarif et règlement pour les foulons. (Documents
inédits, n° XI).

1447 23 fév. Accord entre les drapiers et les teinturiers au sujet du salaire de ceux-ci. (Documents inédits, n° XII).

1458 17 juil. Ordonnance du métier contre la poursuite des offices : statuts touchant l'acquête, le relief et le salaire des gouverneurs. (Imprimé dans le Recueil des chartes, I, p. 224).

1479 26 fév. Les drapiers de Liége veulent défendre à ceux de Brusthem de vendre à Liége les draps appelés *grises droummes* disant que la teinture en était mauvaise. Ceux-ci ayant prouvé que c'était le même qu'ils vendaient depuis 60 ans, sont autorisés à continuer. (Echevins de Liége, n° 41, p. 129).

1480 28 avr. Lettre par laquelle Louis de Bourbon reconnait aux Verviétois le droit de vendre leurs draps dans la petite halle de Liége (Pawilhart K, p. 197 aux archives. Publiée par M. Henaux, *Hist. de Verviers* et par M. de Ram, *Analecta leodiensa*, p. 682).

1487 3 avril. Accord entre le métier et J. Thiry pour teindre les draps. (Orignal sur parchemin ; sceaux enlevés.)

1489 28 févr. Les tindeurs de Liége déclarent que le droit de *stampage* sur les draps étrangers envoyés à Liége pour être teints appartient au métier des drapiers et la visite aux rewards. Mais que à cause des « guerres durantes eux, tindeurs, ne devront rien payer jusque à tant que bonne marchandise pourra courir et que le cours de la Meuse sera ouvert. » (Document sur papier, liasse du conseil-privé, aux archives).

1500 31 oct. Sentence des échevins de Liége sur les difficultés des drapiers et des tindeurs à propos de la *stampe* des draps étrangers. (Copie sur parchemin).

1503 5 mai. Sentence arbitrale ordonnant aux tindeurs de payer par an aux drapiers 6 florins pour le *stampage*, et de permettre aux rewards la *stampe* des *piechots* comme de coutume. (Original sur parchemin ; sceaux enlevés).

1516 29 mai. Simon de Tillice, retondeur, proteste contre la
défense que Goert de Treit, maire des ewardans et ses
confrères avaient fait aux foulons, tisseurs et tindeurs,
de lui donner de l'ouvrage; il invoque une clause de la
sentence apostolique et un article de la *lettre du commun
profit*, qui interdit le monopole des métiers et défend
d'empêcher le travail à aucun bourgeois. Les wardains
répondent que ledit Simon ayant violé les chartes en
« ourdissant draps à une portée trop étroite qui est envi-
ron de 28 filhets comme en excédant la longesse de 2 1|2
olnes, » n'avait pas voulu payer l'amende. Les wardains
sont convaincus d'avoir *interposé serre ou monopolle*, mais
Simon est condamné à payer l'amende. (Jug. et sent.,
aux archives, n° 14, p. 59 v°).

1520 30 déc. Lamb. Brockart, maire des wardains, apporte au
Conseil de la cité une pièce de drap gris la déclarant
fausse denrée. Les wardains sont priés d'aller avec un
des 4 de la cité muni de la clef des maîtres, un secré-
taire et un sergent de la justice, chez celui qui l'avait
vendue pour s'assurer qu'il n'y en avait plus. Après
avoir constaté que non, ladite pièce a été brûlée au péron. (Jug. et sent., aux archives, n° 17, p. 166 v°).

1523 23 sept. Col. Racket, Fr. et Joh. de Fléron, Th. Brigard
et Th. de Sart, tindeurs, accusent le métier des drapiers
de *serre*, ayant défendu aux tisseurs de leur donner aucun
drap à teindre et aux retondeurs de tondre aucun drap
teint par eux, ce qu'ils déclarent être un vrai monopole
provoqué par la décision qu'ils avaient prise de « ramener
la monnoie qui court présentement à pris et valleur
qu'elle avait lors coursse lorsqu'ils avaient passé leur
contrat ». Les drapiers sont condamnés. (Jug. et sent.,
aux archives, n° 21, p. 15 v°).

1524 12 oct. J. van Voxhem, marchand d'Anvers, se plaint que
les rewards de Liége ont *calengé* et saisi 16 draps de laine

dans la maison de l'Aigle en Féronstrée « comme fausses draperie et de non loy »; les échevins lui permettent de les emporter sans pouvoir les vendre dans la cité. (Original sur parchemin; sceaux enlevés. — Jug. et sent., n° 22, p. 12 v°).

1527 1er févr. Grande charte du métier approuvée par le conseil de la cité le 20 avril. Règles touchant l'usance et la pratique. (Imprimé dans le Recueil des chartes, I, p. 227).

1528 4 janv. Cornet le Hallier, fils de J. Cornet, est convaincu d'avoir vendu une fausse pièce de drap *ruwain* de 6 aunes à G. le Soyeur de Jemeppe qui s'en est fait faire un *hocqueton*. Il est obligé de rendre à l'acheteur le prix, de demander au membre la permission d'user dorénavant du métier, et le hoqueton sera brûlé au péron. (Jug. et sent., aux archives, n° 24, p. 341).

1529 28 août. Les échevins, à la demande du métier, ordonnent à H. Mulkeman de démolir un bâtiment qu'il venait d'élever contre la halle des drapiers autrement qu'il n'était avant la *grande prise* de Liége. (Original sur parchemin; sceaux enlevés. — Jug. et sent., n° 26, p. 186).

1531 30 déc. Le métier ayant envoyé son valet sermenté à Dinant pour vérifier si les draps qu'y vendait H. Mulkeman, liégeois, étaient scellés, celui-ci déclare qu'ils étaient dépourvus du scel du métier. (Original sur parchemin; sceaux enlevés).

1534 13 sept. Erard de la Marck accorde aux Verviétois un jour de marché par semaine et une foire par an. (Publiée par M. Henaux, *Histoire de Verviers*).

1536 25 nov. Le métier nomme des députés pour récupérer les biens lui provenant de W. Dathin « cancellés ou entreperdus. » Ces députés auront le cinquième des deniers récupérés. (Original sur parchemin; sceau du métier.)

1542 18 févr. Les officiers des drapiers ayant mis à l'amende et voulu priver du métier J. Collar, vieuwarier et drapier, pour avoir étalé à la foire de Liége du drap non scellé, celui-ci proteste en disant que la lettre d'Englebert de la Marck du 24 mars 1350 permet à un chacun de vendre quelle denrée il lui plait sous la surveillance de 6 personnes instituées à cet effet lesquelles désigneront un endroit spécial pour vendre le drap non scellé; que si cela n'avait pas été fait, il n'en devait compte qu'aux dites 6 personnes à l'exclusion de tout autre juge, d'après la même lettre. Les drapiers répondent que leurs chartes défendent à qui que ce soit de vendre du drap non scellé par les rewards des villes où il a été fait; ils sont condamnés. (Jug. et sent., aux archives, n° 33).

1542 9 déc. Additions et modérations à la grande charte de 1527, touchant les *xhafures* et les *sages*. (Imprimé dans le Recueil des chartes, I. p. 244).

1544 22 août. Le métier endetté par la perte d'un procès et des travaux faits à sa halle est obligé d'emprunter de l'argent à Piron de Chestea drapier. (Original sur parchemin ; sceaux enlevés).

1545 17 juil. Le sous-mayeur de Liége ayant confisqué comme faux des *blans draps* venant de la ville de Limbourg et appartenant à P. de Slins, hallier, celui-ci proteste en disant que les rewards avaient refusés de les examiner et qu'il ne les avait pas mis en vente. Des députés drapiers, tisseurs et foulons les ayant rewardé déclarent que l'une de ces pièces est passable et peut être vendue en ôtant la lisière là où sont les fautes, mais qu'une autre est faite de *lame desierable*. Le sous-mayeur doit restituer les draps. (Jug. et sent., aux archives, n° 36, p. 201).

1549 15 juil. Les rewards et foulons ayant défendu aux drapiers et retondeurs de donner leurs draps à fouler et lainer hors de la cité, franchise et banlieue, parce que les

étrangers lainaient avec les *gardes* de fer qui gâtaient le
drap et leur ôtait leur force , les autres protestent que
c'est leur ruine , vu qu'il n'y avait pas à Liége assez de
foulons pour faire leur ouvrage, et qu'ils se trouveraient à
à leur merci. Les échevins décident que l'on pourra continuer à faire fouler les draps dehors , mais que tous
foulons devront prêter serment de ne pas se servir de
cardes de fer. (Jug. et sent., aux archives, n° 44, p. 203).

1550 7 janv. Les drapiers et retondeurs nomment chacun 4
commis pour entretenir paix et bonne police chez eux ;
« celui qui aura fait mesus sera araisné et vocé en cause
devant eux, les wardens, gouverneurs, jurés, 4 delle
viollette, et maîtres des membres ; si après discussion,
plaidoierie et sentence des rewards , il se sent opprimé,
il peut recourir à qui mieux lui plaira ». (Registre aux
recès du métier, aux archives).

1552 27 juin. S. A. ayant demandé pour la garde de sa cité
« trois enseignes de compaignons piedtons de guerre »
les drapiers le supplient de vouloir se contenter des
sujets de sa cité et de la banlieue, l'assurant qu'ils mour-
ront jusqu'au dernier pour la défendre. (Conseil privé ,
liasse).

1553 25 sept. Le membre des tisseurs permet par charité à H.
Dozin, de dresser dans sa maison un *stau* pour tisser des
draps et fourures ; sa veuve et ses enfants n'étant pas du
membre ne pourront continuer après lui ; il devra prendre
un serviteur du membre sans pouvoir tenir un apprenti.
(Original sur parchemin ; sceaux enlevés).

1553 11 oct. Règlement du métier pour combattre les poursuites
des offices ; assemblées, apprentis, acquêtes, etc. (Imprimé
dans le Recueil des chartes, I, p. 246).

1553 30 nov. Le métier paie sa dette de 1544 à Jean de Velroux
et Dameide sa femme, veuve de Piron Chestea. (Original
sur parchemin ; sceaux enlevés).

1555 20 fév. Les tisseurs achètent à G. de Looz 2 maisons dans
la rue des Weynes, Hors-Château, pour 6 florins.de cens.
(Document sur papier; liasse du conseil privé, aux archives).

1559 19 sept. Tarif pour le salaire des retondeurs : 36 sous pour
l'aune du cardinal; 30 pour l'aune du drap à 2 scels; 24
pour l'aune du commun; 4 pour l'aune des estroits. (Registre aux recès du métier, aux archives'.

1561 4 juin. Le sous-mayeur confisque deux draps que J. Rat-
mecker, du pays de Gueldre, avait exposé en vente dans
une maison privée avant d'avoir été visités par les
rewards du métier. (Jug. et sent., aux archives , n° 53 ,
p. 181).

1561 6 juil. Les drapiers ayant voulu introduire de nouveaux
usages relativement à la teinture des draps hors de la
cité, les teinturiers protestent et prouvent que les anciennes chartes ont réglé les points en question. (Jug. et
sent., aux archives, n° 53, p 267 v°).

1562 12 mars. Stuit du grenier de la halle fait par les drapiers
aux rhétoriciens de Liége Documents inédits, n° XIII).

1566 9 avril. Sieulte du métier réglant le prix des laines vendues
à la halle des drapiers. (Registre aux recès du métier, aux
archives).

1567 15 mai. Le conseil de la cité accorde aux drapiers une
grande balance pour peser les laines dans leur halle.
(Recès de la ville, à l'Université).

1567 23 juin. Stuit de 6 ans pour l'usinier des wennes. (Registre du métier, n° 32, p. 22, aux archives).

1568 3 août. Ordonnance du métier touchant les nouvelles rames:
article pour les offices. (Documents inédits, n° XIV).

1569 1er mai. Règlement pour les rewards. (Registre aux recès
du métier, aux archives).

1569 23 juin. Mandement de S. A. contre les recoupeurs de laine.
(Documents inédits, n° XV).

1570 24 juin. Règlement touchant les droits du scel dus aux
rewards. (Registre aux recès du métier, aux archives).

1571 5 nov. Députation envoyée par le métier à Namur pour
plaider contre la hanse de cette ville. (Documents inédits,
n° XVI).

1572 29 déc. Colley de Fléron, drapier, vend au membre des
tisseurs une rente hypothéquée sur une maison de Hors-
Château joignant à celle du Vental et à la rue des Wennes, pour 6 ducats de Portugal (à 20 florins la pièce), etc.
(Original sur parchemin : sceaux enlevés).

1588 1ᵉʳ mai. Les retondeurs réclament l'exécution d'un contrat
passé le 15 juin 1512 entre eux et les drapiers, par lequel
ils étaient convenus de nommer chaque année le 1ᵉʳ mai
2 rewards de chaque métier pour stamper tous draps et
pessots tant de la cité que du dehors portés aux tein-
deurs. (Registre aux recès du métier, aux archives).

1589 25 avril. Règlement du métier touchant les nouvelles
rames, la vente des draps et l'élection des rewards ; approuvé par E. de Bavière le 16 juil. 1590 ; mis en garde de
loi le 25 sept. et confirmé par Maxim.-Henri, le 28 mars
1671. (Imprimé dans le *Recueil des chartes*, I. pp. 251,
264).

1589 19 juin. Modération du règlement du 25 avril (Imprimé
dans le *Recueil des chartes*, I, p. 254).

1593 8 mai. Les drapiers de Liége défendent aux merciers de
Sᵗ-Trond de vendre des *bayettes, kersées et stamettes* faites
à Liége parce qu'il ne sont pas du métier. (Registre aux
recès du métier, aux archives).

1596 15 et 21 juin. Les tisseurs pauvres s'étant plaint du grand
nombre d'ouvriers et de *staus* employés par les riches,
et de la mauvaise qualité du drap par la négligence des
rewards, le métier défend à chacun d'avoir plus de 2 staus
dressés et chargés, un grand et un petit, et de donner

en ourdissant plus de 38 aunes aux draps, plus de 66 aunes aux *baiettes*, fourures, *kersés*, *xhafures*. (Document sur papier; liasse du conseil privé, aux archives).

1613 3 janv. Le métier assemblé *sur* sa halle, lieu accoutumé, décide que pour célébrer dignement la joyeuse entrée de S. A., il donne 10 fls. à 30 hommes du métier pour se trouver en armes au jour fixé, 20 fls. aux officiers, plus 10 fls. aux gouverneurs pour un chapeau. Les 30 compagnons susdits seront tenus de porter la livrée du métier, savoir un chapeau blanc gris avec le cordon rouge et vert. (Cons. privé, liasse).

1617 26 nov. Le métier élève les droits de relief et d'apprentissage pour empêcher la trop grande augmentation des compagnons; approuvé par le conseil le 19 mars 1618, par les échevins le 29 et par le prince le 23 juin. (Imprimé dans le *Recueil des chartes*, I, 255. V. Polain, *Recueil des édit. et ordon.*)

1637 1er mai. Ordonnance du métier contre les ouvriers peigneurs et les employés étrangers; approuvée par le conseil le 30 mai 1637 et par les échevins le 21 oct. 1642 (Imprimé dans le *Recueil des chartes*, I, p. 257).

1637 14 août. Touchant la visite des marchandises par les rewards (Registre aux recès du métier, aux archives).

1637 24 août. Règlement du métier touchant l'ourdissage (Documents inédits, n° XVII).

1639 11 juil. Ordonnance du métier contre ceux qui possèdent plus de 4 staus; approuvée par le conseil le 19, puis par les échevins, confirmée ensuite par le métier le 20 juil. 1639 (Imprimé dans le *Recueil des chartes*, I, p. 259, 261).

1644 8 juin. Sentence perdue mentionnée dans le *Recueil des chartes*, p. 262.

1650 17 janv. Mandement qui défend aux gouverneurs du métier et au fermier de la halle de vendre autre chose que de la laine à la halle des drapiers. (Louvrex, III, p. 79).

1652 10 avr. Ordonnance touchant l'aunage. (Registre K. 331
du conseil privé aux archives. V. Polain. *Recueil des édits
et ordon.*)

1659 1er sept. Modération à la sentence du 8 juin 1644. Règles
touchant les métiers , les fils du draps; confirmé par
S. A. le lendemain. (Imprimé dans le *Recueil des chartes*,
I, p. 262 et dans Louvrex, III, p. 358).

1662 12 juil. Pour remédier aux difficultés qui surgissent souvent dans le métier au sujet de l'aunage des étoffes, les
compagnons instituent 3 auneurs dans leur halle à l'exclusion de tout autre; ils prêteront serment et auront 1
patar par pièce mesurée. (Document sur papier; liasse
du conseil privé, aux archives).

1671 28 mars. Mandement qui confirme certaines ordonnances
de 1590. (Imprimé dans le *Recueil des chartes*. I, p. 264. V.
Polain, *Recueil des édits et ordon.*)

1671 9 mai. Edit du prince touchant les draps étrangers, le salaire des rewards et l'acquête. (Imprimé dans le *Recueil
des chartes*, I, p. 265, et dans Louvrex, III, p. 360).

1678 26 juil. Le prince renouvelle l'édit du 1er sept. 1659 contre
les drapiers qui possédaient jusqu'à 20 staus battants chez
eux ou ailleurs. (Imprimé dans le *Recueil des chartes*, I,
p. 266).

1678 21 oct. Recès du métier permettant d'employer un 6e stau
hors de chez soi. (*Recueil des chartes*, I, p. 266).

1699 13 août. Ordonnance du prince touchant la longueur et la
largeur des différentes étoffes. (Louvrex III, p. 356. V.
Recueil des édits et ordonn.)

1700 24 avr. Règlement général modifiant celui du 13 août 1699.
(*Recueil des chartes*, I, 267. V. *Recueil des édits et ordonn.*)

1703 11 juin. Le conseil impérial abolit l'impôt d'un liard qui
se paie dans la cité de Liége sur chaque pièce d'étoffe
travaillée par les drapiers et supprime la visite des re-

wards. (Conseil privé; protocole K. 139. V. *Recueildes édits et ordonn.*)

1721 6 févr. Ordonnance de Joseph Clément contre ceux de ses sujets qui établissent des manufactures de laine hors du pays de Liége malgré les défenses faites par les mandements du 17 août 1699 et du 11 mai 1700. (Polain, *Recueil des édits et ordonn. de la principauté de Liége*).

1724 16 févr. Supplique du membre des drapiers au chapitre de Sᵗ-Lambert pour empêcher la chambre dont elle fait partie de conférer à des étrangers ou à d'autres l'acquête du membre. (Document sur papier ; liasse du conseil privé, aux archives, 1724, 4 mai).

1724 5 août, 18 et 23 sept. Mandements pour le tonlieu des laines (*Recueil des édits et ordonnances*).

1726 24 mai. Les composants de la chambre St-Jean-Baptiste remontrent au prince qu'ils ont 3 greffiers : un du drapier, un du membre des drapiers et un des retondeurs ; ils demandent que les deux premiers soient réunis, ce qui fut approuvé le 27. (Document sur papier ; liasse du conseil privé, aux archives).

1734 11 sept. Edit du prince enjoignant d'observer le règlement du 13 août 1699 et notamment l'art. 4 qui défend aux drapiers de la cité de donner des pièces à travailler hors de la ville, parce que, par cette manœuvre illicite, les drapiers ménagers sont sans ouvrage. (Conseil privé : protocole K. 157. V. *Recueil des édits et ordonnances*).

1735 16 juin. Ordonnance de George Louis touchant la qualité des laines mises en vente. Renouvelée le 18 mai 1761. (Louvrex, III, p. 361).

1741 3 août. Ordonnance qui défend aux ouvriers, marchands et manufacturiers de Verviers de faire sortir de cette ville des laines teintes « pour être façonnées en draps crus ou bruts ni aucun folets en chaine pour être tissus. » (Louvrex, III, p. 408).

1746 10 mai. Mandement contre la fabrication des bouts et des pennes dans la ville de Verviers. (Nautet, *Notices historiques*, etc. t. III, 92).

1749 12 sept Le gouverneur du métier supplie le prince de mettre un terme aux fraudes d'un nommé P. Massart. (Document sur papier ; liasse du conseil privé, aux archives).

1755 24 août. Mandement itératif de celui de 1746 augmentant les peines des contrevenants. (Nautet, *ibid.*, p. 95.)

1772 déc. S. A. fait demander à la chambre St-Jean Baptiste à quelles conditions celle-ci voudrait céder la halle des drapiers, en lui faisant observer que le terrain ne peut convenir à un particulier à cause de la servitude ou passage qui relie les deux rues et ne permet pas d'habiter le rez-de-chaussée, que la vétusté du bâtiment exigera bientôt des frais, et qu'enfin plusieurs sociétaires du *grand concert des amateurs*, voulant se procurer un local fixe, lui offrent l'occasion de s'en débarrasser. (Cons. privé, liasse).

DOCUMENTS INÉDITS.

I

Reconnaissance d'un prêt fait par plusieurs bourgeois de la cité au clergé et à la ville de Liége, pour le rachat de l'impôt de la Fermeté. 1249, 2 août.

A tous ceulx qui ces lettres verront, nous Jean par la grâce de Dieu prevos, nous Jehan doyen, les archidiacres et tout le chapitre de la haulte églize et les doyens et tous les chapitres des autres églises conventualz et nous tous les bourgeois et les communs de la citet de Liége, salut en notre seigneur Jhesu Christ. Sachent tous ceulx qui ces verront, que nous debvons à Gerard des Changes, Radulf le fil Radou, Mathieu le fil le Prono, Lambert Quaremme, Alexandre de la Ruelle, Antoine de Neuvis et Colar de Grauz, bourgeois de Liége, vii et cens mars de lyois (¹) sur l'aventure de la marchandise que Giles del Fur maine et rameine d'Engleterre ; ne plus de gaigne ne de perde ne poront ils demander et si en doibt on croire celui Gilon sur son seriment ; apres nous debvons à Conrat de Viseit deux cens mars de lyois a rendre a luy avec les costenges a dict sieur Radu d'Ile, Alexandre de la Ruelle, Henri et Johans de Nuvis ; apres nous debvons a Jehan Becheron siex vingt mars ; à Piron Boveal quatre vingts mars de lyois sur

(1) Liégeois, de Liege.

l'aventure Gilon del Fur devant dit ; en surtout nous debvons à
Gerard des Changes trois cent mars de lyois à payer au Noel,
qui vient. Lesquels deniers devant dis ils nous ont presteis et
nous les avons paié a notre sieur Henri par la grâce de Dieu esleu
de Liége pour le rachapt et la quictance de la fermeteit de la
citeit de Liége ; et pour ces deniers devant dis sans dilaie
avoir et pour les coustenges et pour les despens com on fera,
prenderons nous, par l'assen mon sieur Henri l'esleu de Liége,
la fermeteit de Liége en touttes choeses, ainsi que l'on les soloit
prendre, de la feste Sainct Remy qui vient jusques au prochain
Noel apres, de celluy Noel par deux ans apres ; et s'il advenoit
que dedans cellui terme qu'est nommeit de Noel en deux ans,
que les deniers qui desseur sont nommeis et les costenges et
les despens que faicts en seront fussent receus et payés de la
fermeteit devant dite, nous ni autres ne pourons ne ne debverons
de dont en avant prendre point de la fermeté, ne souffrirons a
noz pouvoirs en bonne foid que nul le prinssent ; et s'il advenoit
par adventure que la fermeteit devant dite ne fust tant pris dedans cellui terme comme les deniers devant dits et les costenges
et les despens ne povist on payer, nous les églises d'une parte
nous obligeons par ces lettres à paier la moitié delle reman-
nant de la dette et la moitié des costenges et des despens, et
nous les bourgeois et les communes de la cité de Liége d'autre
parte nous obligeons à payer l'autre moitié de la debte et de
costenges et des despens. Et pour ce que ce soit ferme choese
et estauble, nous les églises devant dites et nous les bourgeois
et les communes de la cité de Liége avons scellé ces lettres de
noz seaulx. Ce fut fait l'an de l'incarnation notre seigneur
MCCXLIX le lundi après la feste Sainct Pierre.

(Cartulaire de St-Pierre. Copie dans Lefort, IIᵉ série, vol. XVIII, p. 45).

II

Lettre des halles ; règles à observer pour la vente du drap. 1323, 1er février.

Adulph, par la grace de Dieu evesque de Liége, a tous ceux qui ces presentes lettréz veront et oront, salut en Dieu permanable et cognissance de veriteit. Sachent tous que, considéré le proffit et l'utiliteit de nostre dicte cité de Liége et de tous habitans en nostre dicte cité, eut sur ce solempneil conseil et diligent traitié, nous, par délibération meure et conseil et ottroy expres de noz ameiz feaulx les maistres, le conseil, jureit, les governeurs des mestiers et de toute le communalteit de nostre dicte cité de Liége, avons ordonné et estaubly, ordonnons et estaublissons, que dorsenavant ne soit nulx que en nostre dicte cité de Liége, en nostre justice d'Averoit ne en nostre justice du pont Amycourt, vendre drap a taille (¹) fours des deux halles de nostre dicte cité, assavoir est, le halle qui siet deleiz li marchiet de Liége et lautre halle qui siet en saint Johan Stree ; et quiconquez le feroit, il seroit enchieuz en la paine dunc viez gros turnois dargent, de chacune oilne de drap quil venderat. Apres, nuls drappiers de Liége ne puet ne doit vendre drap a taille, qui soit drappiers à Liége (²), fours que en ladicte halle en saint Jehan Stree ; mais draps enthiers de moison (³), assavoir de trengte owyt et de trengte deux olnez de plain drap, (⁴) et de quarante olnez les royes (⁵), et de trengte owyt olnez

---

(¹) Au détail.
(²) Fait, manufacturé à Liége ?
(³) Mesure.
(⁴) Drap uni.
(⁵) Drap rayé.

les dighedunes (¹), puelent les dis drappiers vendre enthiers en
leur maisons; et tout en tele maniere y puelent ils vendre les
demy draps de muysons deseur dits, et nyent dautrez muysons;
et se nulz draps est copeis es wendes et deffendus par les wardains delle drapperie de Liége a vendre sur ladicte halle de
saint Jehan Stree en lieu ou on vent les autrez bons draps de
Liége, nulz ne les doit porteir ne vendre, par luy ne par autruy,
sur la paine de drap perdut; mais les puet bien vendre en la
dicte halle desoubz par terre, en lieu ou ly pois de ladicte halle
stat et ou on vent la laynne. Après, toutes manières de bonnez
gens manans a Liége, puelent vendre touttes manierez de bons
draps en ladicte halle deleiz le marchiet, enthiers et a taille ;
mais que les dicts draps soyent bon et loyalz et soient en tel
ploit (²) comme del lieu ou ils aront esté faiz; et qui en aultre
ploit le metteroit, vint soulz de petis tournois payeroit de chacune
pieche; et se nulz achateurs de cesdicts draps demande al vendeur de quelle lieu cil drap estoit venut et fait, il le doit dire
veritablement, et sil ne le faisoit, il payeroit x soulz de petis
tournois d'amende, toutes et quantes foix il le ferait. Apres, se quiconcquez vende drap a Liege con dist drap de pennes, il le doit
dire a celluy qui le voura achateir sens demandeir; et sil ne le
disoit, x soulz payerat de touttes pieches quil en venderat et
auvec ce quil deverat reprendre le drap quil aura ainsy vendut
et rendre a lachateur ses deniers quil averoit payet desdicts
draps. Après, sil est nulz qui vende drap en ladicte halle deleiz
le marchiet qui soient desraisonnables, chilz le doit amendeir
a lachateur par le dict des wardains qui de ce porteront loffice
pour le temps. Apres, quiconcques afforans voura vendre à Liége
drap de pechons a taille, vendre les puet sur ladicte halle deleiz
le marchiet et nyent autrepart, c'est assavoir en planchier (³)

(¹) Drap à carreaux?
(²) Pli.
(³) Chambre haute.

desour les huges (¹) des schohiers (²), chacun jour et touttes
heures; mais que lesdicts draps soient bons et loyaulx; et ainsy
les doyent dire le citain de Liége qui les gens afforains herbi-
geront qui les fachent ainsy; et silx ne le disoient et ceulx qui en
leur hosteit seroient herbigiet vendoient drap en aultre lieu que
dit est, li hostez de cellui payeroit l'amende qui y afferroit, assavoir pour chacune olne de drap ainsy vendut ung viez gros
tournoit dargent. Apres, sil est tondeures ou entailleurs de drap
(³) qui rende draps, qui chargiet li soit de part halliers vendeurs
de draps, si n'est anchois fait asseis (⁴) a celuy qui vendut larat,
x soulz de tournoix payerat damende de chacune pieche quil
renderat, et renderat a vendeur dudit draps ses dommages;
et ne doit nulz vendre drap a nulluy la ou chilz tondeurs ou
entailleurs soit auvec luy, si aura payé lamende et rendu au
vendeur dudit drap ses dommages apres ce que on luy aurat
deffendut, sur paine de v soulz tournois. Apres, sil est nulz
vendeurs de drap qui donne nul lowier (⁵) a tondeur, entailleur
de draps ne a corretier (⁶) pour attraire nul marchant a luy,
x soulz de tournois payerat touttes foix quil le feroit et de ce
puelent ceulx qui de ce porteront loffice pour le temps, des-
traindre (⁷) par son seriment celluy qui cedit lowier auroit
donné et celluy qui pris laroit; et celluy qui ledit seriment refuse-
rat a faire sera encheuz en le paine de x soulz de tournois. Apres,
quiconcquez sera encheuz en nulle des amendes dessour dictes,
les wardains, qui de ce porteront loffice, luy poroit faire comandeir, par leur varlet jureit, qu'il paye teille amende dedens thiers
jours sur paine de v soulz de tournois; et sil ne le payoit, les dits

(¹) Boutiques.
(²) Marchands de cuir.
(³) Tailleurs.
(⁴) Satisfait, payé.
(⁵) Récompense.
(⁶) *Corratier*, courtier (Duc.)
(⁷) Contraindre.

wardains le puelent, tantoest les troix jours passeis, panneir (¹)
et prendre wage (²) a luy suffissant a ladicte paine en le maniere
chi apres escript : cest assavoir par ung de noz menestereis (³)
de Liége et ung des quattre varlets des maistres de nostre dicte
cité ; et se ceulx qui lesdictes paines averoient fourfaites navoit
tant de wages dont on le powist panneir qui suffiassent aus
dictes paines, ou il fuist persoenne ou en tel lieu coin nelle
powist panneir ou que ne wouwist obeir az ordonnances
desseur dictez, lesdits wardains doyent comandeir ou faire
comandeir a tous tondeurs et entailleurs de draps quilz ne
fachent celle desobeyssance (⁴) nul ovrage, et tout ainsy doit on
comandeir a tous coretieres quil ne fachent nulle marchandiese
par eaulx ne por aultruy a nul desobeyssant, sur tele paine que
les desobeyssans seroit encheuz, jusquez a tant quil auroit asseiz
fait (⁵) delle amende ou des amendes quil deveroit. Pour lesquelz
choescs et paines susdictes wardeir et tenir fermement, si que
dit est, on doit enlire chacun an al jour de la daete de ses lettrez, vj hommez, assavoir sont : deux entre les jureiz de conseil
de nostre dicte cité, lesquelx les maistres enliront, et deux entre
les halliers, lesquelx les halliers enliront, et deux entre les
drappiers de Liege, lesquelx les drappiers esleront entre eulx ;
lesquelx vj ainsy esleut doieut estre mis en fealteit par les
maistrez et le conseil jureiz de nostre dicte cité, et eulx mis en
feaulteit, ilz aront povoir de wardeir lordinance desseur dicte
et de leveir les paine et amendes selon les condicions desseur
diviseez. Les queilx vj wardains on doit croire fermement de
tout ce quilx raporteront et vaura leur rapports enthierement
toutte leur annee ; et doient couter de ses dictes paines et amendes
a lissue de leur annee, pardevant ceulx qui a ce seront depu-
teiz et mis de part noz, evesques devant dis, et de part les mais-

---

(¹) Saisir.
(²) Prendre des gages, des garanties.
(³) Officier de justice ou de police (V. Ducange, *ministeriales*).
(⁴) Pour *celli desobeyssant?* que l'on ne donne plus d'ouvrage à ce désobéissant.
⁵) Satisfait.

tres et le conseil de nostre dicte cité de Liége; des quelz paines ou amendes deseur deviseez, nos, evesques devant dis, devons avoir le tirchepart, nostre dicte cité de Liége laetre tirchepart et les dicts wardains pour le temps laultre tirchepart, des quelz paines ou amendes deseur dictez on ne puet quitteir nulle. Et nous les maistrez, le conseil jureiz, les governeurs et la comunalté delle dicte cité de Liége, qui les ordonnances deseur dictez, faites diligemment par nostre chier et amé seigneur en Dieu levesque de Liége devant dit, cognissons estre faites par le comun proffit de la dicte citeit et de tous habitans en ladicte cité; y avons mis et mettons nostre assent et nostre ottroy. Lesquelez ordonnances deseurdictez nous, evesque devant dit, et nous les maistrez, les jureiz, les governeurs et la comunnalteit delle dicte cité de Liége deseur dict, promettons wardeir et tenir fermement jusques à nostre vollenté et tout ades (¹) por amendement; par teille condicion que, se en cesdictez ordonnances avoit point de obscurté ou choese mal declaree ou mal entendue, ou sil advenoit aucun cas desraisonnablez partenant a ces dictez ordonnances, nous vollons qui soit declareit et determiné par ceulx que nous, evesques devant dis, vourons de part nous deputeir et mettre auvec les maistres et le conseil jureiz de nostre dicte cité qui de ce auront povoir, de declareir et de termineir a leur advis au plus pres de droit; et vaurat entierement leur declaration sens venir de rins encontre. En tesmonguage des quelez choeses, que elles demeurrent fermes et estaublez, nous, evesques devant dis, pour nous nostre grand seel, et nous, les maistres jureiz governeurs et la comunnalteit de la dicte cité de Liége, pour nous le grant seel de ladicte cité avons fait pendre a cez presentez lettrez en signe de vereiteit. Donné lan de grace nostre singnor mil iiij° et vingte troix, merquedy le vigile de la purification nostre Dame chandelleur.

(Pawillart C. p, 260, aux archives de l'Etat, à Liége).

(¹) Toujours.

III

Sentence arbitrale touchant les difficultés survenues entre les maîtres et les valets des foulons au sujet du salaire de ceux-ci. 1325, 19 juillet.

A tous cheias ki ces presentes lettres veront et oront, Johans li Princes li folons, Gilons dis de Comblens maistre de folerie, Wileame dis Matrulhars et Wileame dis de Vernoy, varles has rongis (*) asi de mestirs de folerie, apasentoirs (¹) et acordoir (²) pris et enlis par comons acor et asens (³) de maistre de folerie del citeit de Liege dune part, et les varles has rongies de mestirs asi de folerie datre part ; daquelle descoir ki entre les dis maistres et les varles astoit si ke daquelles demandises et peticions ke li varles has rongies fesoient . a maistre si ke de fur (⁴) de roies et de dras (⁵) et de chu ki a lur mestirs de folerie apartenoit ; les quelles en parties sobligarent et denont plens poior a quatres hommes desoirdis deias a acordeir et dapasenteir et orent encovent bunement et loiament de tenir, faire et acomplir chu quilh diroient ou prononcheroient fust de droit a dire ou damiable composisions, et pardevant le maior et les wardans del drapperie del citeit de Liege asavoir : Johans Remacle maior par le tens, Benois fis Watir Benoit, Johans Aporcheas, Johans de Vernoy, Colins de Dinant, maistre Johans Demisions et Gerar dis Benois, wardans asi del diet drapperie, par devant les ques

---

(*) Nous avons marqué d'un astérique les mots ou membres de phrases que nous ne comprenons pas.

(¹) *Apaisenteur*, arbitre.

(²) Juges, conciliateurs.

(³) Consentement.

(⁴) *Fuer*, prix, valeur.

(⁵) Du drap rayé et uni.

les oivres et li fais furent acordeit entirment par totes les parties.
Sor chu nos, li quatre desoirdis, mis ensemble, par unne volonteit
et otroie avons rewardeit et considereit et diligement examineit
les fais, les oivres, peticions, demandises et tous les descoirs ki
entre les dis maistres et les varles astoient, por pais et acoir a
mettre et a nurir entreias ; et par quen li une partie ne li atre ne
pust d'or en avant faire nulle noveliteit par quen li mestir soit
encombreis ne desturbeis, avons par une acoir, volonteit et
otroie de nos quatre entirment, sans nulle debat, fait, acordeit
et ordineit, fesons, acordons et ordinons :

Premirment ke tous varles de mestir de folerie si ke has rongis
aront et doient avoir de tous dras si ke de dikedunnes del
musons de quarante annes (¹), por le fur de lur quatir (²), owit
sois de turnois communs paument (³) del citeyt de Liege tel dont
unus paurat pan, car et vins (⁴) communement dedens le citeit
de Liege.

Apreis ordineit est asi ke de tous dras roies del musons de
quarante annes li varles doient avoir par lur quartir sies sois (⁵),
dois denirs moins de turnois del monoie deseurdite.

Apreis acordeit est ke de tous meleis et de tous dras de floir (⁶)
del musons de quarante annes, li varles en doient avoir cinq sois
trois denirs moins.

Apreis ordineit est ke de tous drais meleis et atres de floir
del musons de trente dois annes, li varles en doient avoir
quatre sois et dois denirs de turnois del monoie desoir dite.

Apreis ordineit est ke dunc drappe dapreis melhoir blowe (⁷)
del musons quarante annes , li varles en doient avoir par lur

(¹) Aunes.
(²) Travail ?
(³) Paiement.
(⁴) Avec lequel on paiera pain, viande et vin.
(⁵) Six sous.
(⁶) Drap mélangé de différentes couleurs; drap à fleurs ?
(⁷) Le meilleur drap bleu diapré?

quartir quatre sois et set denirs de turnois del monoie deseur
dite.

Apreis acordeit est ke de tous dras gros del muson de quarante annes si ke blans tondus (¹) et dras blois, li varles en doient
avoirs quatre sois de turnois del monoie desoir dite.

Apreis acordeit est ke de tous dras meleis del musons de vint
et owit annes, li varles en doient avoir quatre sois de turnois
del monoie desoir dite.

Apreis acordeit est ke de tous dras blawes del muson de trente
dois annes, li varles en doient avoir par lur quartir trois sois
cinq denirs de turnois del monoie desoir dite.

Apreis acordeit est ke de tous drais a dois enveirs (²) a unne
corois (*) li varles en doient avoirs del musons de trente dois
annes, trois sois et cinq denirs de turnois del monoie desoir dite,
et de tous cheias del dite musons fais a dois courois li varles en
doient avoir quatre sois et dois denirs de turnois de telle monoie
com desoir est dite.

Apreis ordineit est ke de tous dras blans tondus gros (³) del
muson de trente dois annes, li varles en doient avoir trois sois
et v denirs de turnois del monoie desoir dite.

Apreis ordineit est que de totes scafares a floches (*) del musons de quarante annes, li varles en doient avoir par lur quartir
quatre sois de turnois et vij denirs del monoie desoir dite, et de
totes atres scafares a floche del musons de trente dois annes ilh
en doient avoir quatre sois de turnois del monoie desoir dite.

Apreis ordineit est ke de dois demeis dikedunne li varles en
doient avoir par lur quartir owit sois et set deniers de turnois
del monoie di soir dite.

Apreis ordineit est ke de tous atres dras de ques ilh seroit
dois peches ensemble ki furont le drappe entir, li varles en

(¹) Drap blanc ras et drap bleu?
(²) Drap à double face.
(³) Drap blanc à longs poils?

doient avoir set turnois petis del monoie desoir dite avoikes le principal fur ke li dis doit de quartir a varles.

Apreis acordeit est ke de tous peches si ke de roies, de skafaires a floches, de demey drappe, en arat (*), li varles en doient avoir por lur quartir de chascunne anne dois et malhe de turnois del monoie desoir dite, et de tous atres peches de dikcdunne de demei drappe en arat, ilh en doient asi avoir trois petis turnois del monoie desoir dite por chascunne anne.

Apreis ordineis est et fais ke de dois scafare scruwes (¹) ki li varles de quartir laveront (²), ilh en doient avoir trente dois turnois del monoie desoir dite; et silh avenoit qui ne fut kunne soile scafaire ensi laveie por les dis varles, dont ne doient ilh avoir ke sase turnois del monoie desoir dite.

Apreis ordineit est ke de tous dras a remostreir (*) li varles en doient avoirs et de mettre elle wende si ke del muson de quarante annes, owit turnois del monoie desoir dite, et de tous cheias del muson de trente dois annes ilh en doient avoirs vij turnois del monoie desoir dite.

Apreis ordineit est ke de totes dikedunné a scureir (*), li varles has rongies en doient avoir set turnois petis del monoie desoir dite, et de tous atres dras en porsiwant ilh en doient avoir asi trois turnois del monoie desoir dite.

Apreis ordineit est ke de tous peches de plens dras fais a molins (³) del muson de vij annes de viij annes et de chi a x annes, li varles en doient avoir de chascune anne trois malhe del monoie desoir dites.

Apreis ordineit est ke de tous dras ke li varles raparelheront (⁴) et ploieront del muson de quarante annes, ilh en doient avoirs owit turnois del monoie desoir dite, et de tous atres dras del

(¹) En zigzag.
(²) On peut lire aussi *laneront*.
(³) Foulés ?
(⁴) Appareiller, mettre la dernière main ?

muson de trente dois annes ilh en doient avoir set turnois del monoie desoir dite.

Apreis ordineit est asi ke de totes les dikedunnes ki li varles meteront elle wende ilh en doient avoirs set turnois del monoie desoir dite, et de tous dras roiés asi, ilh en doient avoir sies turnois petis del monoie desoir dite ; et doient tuit (¹) varles de quartir ovrer chascuns oesteit del oivre a fur et a montant de lur quartir (*).

Apreis ordineit est ke de tous dras del muson de vinte quatre annes meleis ou de floir li varles en doient avoirs por lur quartir trois sois et demey de turnois del monoie desoir dite.

Apreis ordineit est ke de tous dras mabreis (²) ki desrasenales seront, li varles de quartir aront poior de porteir devant les wardans, ki kionkes le seront par le tens, et de mostreir ; et li wardans, le drappe veut, en doient dire solonc lur avis et chu quilh en diront et raporteront doit valoir et varat entirment sens contredit de personne nulle.

Apreis ordineit est ke de tous dras del muson de quarante annes a dois enveir, li varles en doient avoir fais à unne courois (*) quatre sois de turnois del monoie desoir dite, et de tous cheias fais a dois courois ilh en doient avoir quatre sois et noif denirs de turnois del monoie desoir dite. Fur (³) de tos ches articles sunt trais tous dras ou scafares englois de ques li maistres et li varles se doient acordeir de teis dras ou scafares engles de fur a plens preis (*) quilh poront deas a acordeir.

Apreis ordineit est ke tous fis de maistre ki varles has rongies detenront ilh doient a varles sies denirs et dois por les caperas (*).

Apreis ordineit est silh avint ke uuns varles has rongies prendre tant de bevrage ques ki soit et ilh le remette jus par

(¹) Tous.
(²) Marbré, de différentes couleurs ?
(³) Hors.

yrecongne (¹), ilh est encheus enver les varles has rongies el
amende de xij denirs et j denirs ar (*) amon (²) ; et asi se nul varles has rongies se moine si preis par goies de deis por quen ilh
perde se braies (³) ilh est asi encheus enver les varles has
rongies elle amende dexij denirs.

Apreis ordines est et fais ke nus maistre de mestir de folerie
ne puet ne ne doit tenir ne avoir ke uns varlet davantage sor
poine de v sois de turnois damende, les ques v sois damende li
wardans doient leveir et pulent solonc le furme de lur carere (*) et
parmi chu tous varles ovrains a lur quartir doient ovreir avoike
celi varle davantage par lur quartir solonc le fur del oivre (*).

Apreis ordineit est et fais silh avenoit ki fust roulies cose (⁴)
ki apartenist a mestir de folerie dont chis presens escris ne
fesist mention ne declaration ou atres has (*) divers avenist endit
mestirs de folerie par tenche (⁵) et descoir en fust, unns en doit
prendre et enlire quatre personnes sens sospecons, a savoir : dois
maistre liques maistres enliront et dois varles has rongies le
ques varles numeront ; et chi quatre ensi enlis avoikes les wardans por le tens doient traire ensemble, et la ou ilh sacorderont
ou li plus grant partie deias et ilh le raporteront, i doien valir et
varat entirment sens contredit.

Et partant ke totes ches coses desoir dites demoirent en lur
vertus et quelles soient fermes et enstables perpetuement a tous
jur, si avons nos, li quatre desoir dis, li maistres de folerie et
tuit li varles, priet a hommes sages et honestes les wardans del
drappe, quilh par nos woilhent pendre a ches presentes lettres
lur propre saial del drapperie. Et nos, li wardans del drapperie
desoir dis, al priere et al requeste de nos chirs feables et ameis

(¹) Qui se rende malade à force de boire.
(²) Au moins ?
(³) Se laisse entrainer si loin par passion des dés qu'il se ruine.
(⁴) Qu'il survienne un cas, une chose ?
(⁵) *Tence, tençun*, dispute, querelle.

les quatre li maistre et les varles de mestirs de folerie, avons
pendut ou fait pendre a ches presentes lettres le propre sael de
nostre draperie en temonage de voriteit.

Che fut fait et doneit lan del incarnation nostre sangnor Jhesu
Crist mille trois cens et vinte cinq, le merkedis apres les octaves
de sacrament en mois de resalhe al entrey.

(Original sur parchemin, aux archives ; sceau onlevé).

IV

**Le métier achète un terrain sur le thier des Vignes pour y
établir des rames (weines). 1330, 18 février.**

A tous ceaus ki ces presentes lettres verront et oront, Giles
dis li aneis de Defors Casteal, citains de Liége, salut et connoistre
veriteit. Sachent tuit ke pardevant mi et mes tenans chi apres
escris, vinrent personelement si com pardevant curt, por chou a
faire ki sensit, grand planteit (¹) de bones gens de mestier dele
drapperie de Liege, por eaus et por tout le dit mestier, et entre
les autres Goffins li Vachos, drappiers de Liege, dune part, ki de
congier, comsent, auctoriteit et otroi de tout le dit mestier,
en nom et aoes (²) deaus et por eaus, si com leurs mambors en
cest cas, releva et racquist de mi et de me curt, a drois et a loi,
en lui et en lestant (*) de Benoit jadis drappier de Liege, le moitié
des wendes, des stoenes (*), des manages et dele voie partenans
as dites wendes et toutes leurs appendices et appartenances
ki jadis furent damme Cossemande et les dois scaches (*) ausi
de novel acquest quil ont acquis a mi, por les dites wendes

(¹) Grand nombre.
(²) Au profit.

amendeir, regrandir tout ensi com elles se portent, séans
dedens les murs dele citeit de Liege es tiers des vingnes; li
queis Benois a son vivant astoit avesti et aheriteit des biens
deseur dis aoes de dit mestier, avoekes Johan Alar, maistre,
Johan Demicion et Coletea de Véleir drappiers de Liége; cest
asavoir parmi chinq mars et noef sous de cens hiretaule chascon an por le mienne part des biens deseur dis, de tele monoie
dont on paiera por le tens communement cens hiretaule en la
citeit de Liege, a paier le moitie ale nativiteit Saint Johan
Baptiste et latre moitié a Nouel, et a sept sous dele dite monoie
de relief ou requistison de hoir (¹) ou singnour à autre. Et est
asavoir ke li voie des dites wendes jusques ale grande rue doit
estre et remanoir a tous jours en teil estaut com elle est a jour
de la date de ces lettres, sens empirier ne amenrir, et doit estre
commune entre nos Johan Pikar, mi Gilet et tout le dit mestier
entierement, nous hoir et successeurs apres nos por faire nos
aisemences totes les fois ke besoins en serra. Encore est asavoir
ke li dis mestiers et leurs liu tenans doient hiretaulement
detenir a leur frais les paufich (²) entur les dites wendes si bien
faitement ke je, mi hoir ou successeur apres mi, nen aicns nul
damage a leur okison; et se nus damages en avenoit, ke ja
naviengne, il seroient tenut de rendre si avant ke proveit seroit
a veriteit. Et la u li dis Goffins li Vachos releva de mi les biens
deseur dis en la maniere deseure dite, furent present Huweneais d'Aloir, Johan Hanire de Mes li maugons et Gerars li
Grains li bolengiers, mi tenant hiretaule, en le warde des queis
je mis les choses deseur dites et bien en owismes nos droitures.
Et nos li dit tenant connissons les choses deseur dites estre
vraies. En tesmonnage des queles choses nous, Giles li anneis et Huweneais d'Aloir chascons por lui, et je Johans

(¹) Héritier, changement de propriétaire.
(²) Pieux.

Hanire por mi et por le dit Gerar le Grain a se requeste, nos propres saieais et nos, li dis mestiers, por nos, le propre saiel de dit mestier avons pendus ou fait appendre à ces lettres faites par cyrograffe; de queil cyrograffe je Giles li anneis ai une partie et li dis mestiers latre par signe de veriteit. Et je Gerars li Grains use en cest cas de saiel le dit Johan Hanire. Chou fut fait lan de grace mil trois et vinte noef, le dimenge devant le feste saint Piere Coralle (¹) en mois de fevrier.

(Orig. sur parchemin ; sceaux enlevés).

V

Accord fait entre le métier des drapiers et Jehans Hannozes, ardoisier, pour couvrir la halle de Féronstrée. 1334, 3 février.

A tous cheaus ki ces presentes lettres veront et oront, Wilheames Gruodins, Pirons Demisions, Johans Benois et Gilons Bizenhaie, hiretirs, en aioeus (²) del mestir de drapperie de Liege, Johans Hannozes li covreires (³), Marons sa femme et Hannes lur fis, citains de Liege, salut et conissanche de veriteit. Sachent tuit ke nos li hiretirs desourdis dune part, et li covroirs dautre part, avons entre nos faites teiles covenanches et ordinnanches ke chi apres sont escriptes et devisées; promirs est asavoir ke nos Hannozes, Marons sa femme et Hannes lur fis, devons a nos costenges, frais et despens covrir le toict delle halle des drappirs

---

(¹) Nous ne connaissons pas S\.-Pierre Coralle et nous serions obligés de choisir au hasard parmi les six saints Pierre qu'indique de Wailly, sans l'indication du mois de février, qui nous fait pencher en faveur de S\.-Pierre Damien dont la fête tombe le 23 de ce mois. Suivant le nouveau style, la date de cette charte serait donc le 18 février 1330.

(²) Au profit.

(³) Ardoisier.

de Liege et le montée (¹) delle ditte halle del costeit vers Defurs
Chasteal, par si ke nos devons a nos costenges et despens livreir
le meilheure verde skailhe (²) et le plus loyaus ki isserat delle
droite fosse de Fumain ; et devons livrer tous clauz ki al dit
ovrage besengheront (³), le milhir pezant quatre livres et sens
de ryens a defallir ; et devons livreir a dis hiretirs en warde on
milhir de clauz de cheli pays por pezeir encontre les atres clauz
ensi ke uns les metterat en oivre ; encores devons nos livreir
toutes lattes ki y besengeront et hosteir chelles ki lur clauz ne
poront porter ; et devons asseir les chennaz de plonc ensi quilh
y afirt ; mains li dis hiretirs doivent livreir chennaz, croches et
reilhes teiles ki y besengeront. Et nos li covroirs desourdis
devons asseir chescunne eskalhe a dois clauz et doit li eskalhe
prendre le quarte rilec (*). En apres totes les feneistres de defurs
les stauz doient estre stoppées jusques a trois (*), lesqueiles doient
estre assizes en liw la ou li dis hiretirs les devizeront et puis les
devons covrir ensi com lautre covreture. Encores est illi a savoir
ke nos devons comenchir a covrir al jur delle daute de ces lettres
et le devons porsire de jur en jour bin et loiament sens targir (⁴)
et sens boisdie (⁵), par quen li moitie delle ditte halle soit coverte dedens le jur delle treime prochainement venant ; et apres
le ditte treyme nos devons comenchir a covrir lautre moitie delle
ditte halle et porsire de jur en jur bin et loiament si ke elle soit
coverte dedans lautre treyme apres continueement ensiwant. Et
devons avoir coverte le montée delle ditte halle de le daute de ces
lettres en trois ans apres ensiwans, par teil ke nos devons avoir
davantages totes le vies stoffe (⁶). Et est a savoir ke nos devons
a nos despens detenir le dit toit et le montée de restoppeir et res-

(¹) L'escalier ?
(²) Ardoise.
(³) Seront nécessaires (seront besoin).
(⁴) Tarder.
(⁵) Tromperie.
(⁶) Les vieux matériaux.

tichier dechi atant ke ilh seront coverte en le manire desourditte.
Et se li dis hiretirs par le defaute de nos mettaient ou avoient
coust, frais ne damages en queileconques manire ke che fust,
nos ces cost, frais et damages promettons par nos fois pleniées
a rendre et a restoureir az dis hiretirs a lur simple dit en bonne
foid et loiament. Delle queile oivre desourditte ensi faire et acomplir comme ditte est nous, li hiretirs desoire nommeis, devons
pair (¹) et delivreir as dis covroirs dois chens sissante et dyz
livres de turnois en boin comun paiement cursauble delle cange
de Liege, par teil ke nos lur devons pair et delivreir tot maintenant trentesies livres de turnois ensi quilh amonront le skalhe
en le ditte halle, voir quilh en y doient mettre tot maintenant dyz
milhirs ou douze; et tot le sorplus des donirs desourdis promettons nos par nos fois pleniées a pair a dis covroirs ou a lur
certain messagé portoir de ces lettres ale cange a Liege soulte-
ment (*) a teis terminnes c'est asavoir : trentesies livres de turnois dele ditte monoe del jur dele date de ces lettres en dois ans
apres ensiwans; item vinte sept livres de turnois dedens lautre
année apres ensiwant, moitie a le feste Saint Johan Baptiste et
lautre moitie a Noel; et tout ensi le moitie de vinte sept livres a
le feste Saint Johan Baptiste et latre moitie a Noiel dechi, a le
plaine satifaction des dois cens sissante et dyz livres de turnois
desourdittes entirement, totes males occoisons et escuzations
furs mises de werre, darrest ne datre coust el pays. Et por faire
les covroirs desourdis de tos ces covens chi ens escris plus certain et segur, nous, li hiretirs sovent dis, lur avons donneit a detteurs et a rendeurs (*) por nos, et chescuns por le tot, a savoir est:
Colay de Sanson, Johan Remacle, Goffin li Vachos et Rennechon
Dreukebire citains de Liege, par teil ke ilh et chescuns por le
tot paieront et delivront tantost a dit Hannozei, a sa femme et
a lur fil les donirs desourdis a teis terminnes ke nommeis sont

(¹) Payer.

par desoire et les desdamageront se ilh emprontoient les donirs
a usures et acquiteroient de tous atres damages ke li dis covroirs
poroient avoir ; et acompliroient tos les covens desoirdis entirement si com detteurs principas se nos estins troveis en defaute
de paiement ou des covens desoir dis, fust en tot ou empartie, ke
ja navenge, les queis rendeurs nos, li hiretirs de drapperie, avons
encovens par nos fois pleniées agetteir (*) de tos cost, frast et damages a lur plain dit, sens loy, sens seriment a faire et sens pro-
venche nulle a mestre. Et nos, li rendoirs desoirdis, conissons les
covens chi ens escris et les promettons par nos fois pleniées a
tenir a wardeir et des donirs a pair et tos les covens a acomplir
ensi ke deviscit est par desoire, sains dire ne mettre avant ke li
detteurs principas soient a conviencre (*). Et por tant ke ce soit
ferme cose et estable, si avons nos, Wilheames Gruodins, Pirons
Demisions, Johans Benois, Gilons Bizenhaie, hiretirs, aoes del
mestir des drappirs de Liege et tuit li rendoirs desoire nommeis
por nos, pendut u fait pendre a ces lettres faites par chirographe
le seal del mestir des drappirs de Liege, dont nos usons en cest
cas en tesmongnage de veriteit ; et ju, Hannozes li covreres, ki
ces couses chi ens escrites connois estre bonnes et vraies por
mi, por ma ditte femme et por notre dit fil, a lur priire et requeste,
ai pendut u fait pendre a ces lettres mon propre seal dequel seal
nos, Marons sa femme et Hannes lur fis, ki ces coses greons et
afirmons avoec ly, usons a ceste fois en signe de veriteit. Ce fut
fait lan delle nativiteit nostre saingnur Jesu Christ MCCC et
trente quatre, lendemain dele purification Notre-Dame quon
dist chandeloire.

(Original sur parchemin ; sceaux enlevés).

VI

Accord fait entre les maîtres foulons et leurs ouvriers touchant le salaire de ceux-ci. 1352, 19 septembre.

A tous cheaus qui ces presentes lettres vieront et oront, nous ly maistre de folleric de mestir des drappirs delle cyteit de Lyege dune part, et li varles del dicte mestir de follerie de Lyege dautre part: Pour esciweir ([1]) tous les debaus ki avenir pulent entre les maistre de follerie et les dis varles desoirdis, nos, li maistres et varles, sumes accordeit et accordons tuit ensemble de comun accort as poins ke chi apres sensiwent, a savoir est promirs: que tuit varles de follerie ovrans a lours quartirs doient faire totes dighedonnes tiente en gren de laine maiesté por quatoize sous et sies denirs de turnois contant de common paiement dont ons paierat a pain, a char et a vin dedens le cytoit de Lyege; delle embroyr sauze denirs; de mectre ens wendes douze denirs et de raparelhirs douze denirs. Item apres ordineit est ke toutes dighedonnes mellés alle verge (*) de laine maiesté, doient avoir douze sous de turnois et vi denirs del dicte monoie; delle embroyer douze denirs; de mectre en wendes onze denirs et de raparelhir onze denirs. Item accordeit est de toutes dighedonnes blawes et blanches de laine maiesté, doient avoir onze sous vi denirs delle dicte monoie; delle embroyr douze denirs; de mectre en wendes onze denirs; de raparelhir onze denirs delle dicte monoie. Item ordinet est de tous plains dras blawes et melleies de laine maiesté delle muhon de quarante aunes, doient avoir sies sous; delle embroyr owit denirs; del remostreir douze denirs; de mectre en wendes douze denirs et de raparelhire dyes denirs delle dicte monoie. Item accordeit est

---

([1]) Esquiver, éviter.

de dois mellées demées dighedonnes de laine maiesté, doient
avoir traze sous et vi denirs de turnois delle dicte monoie. Item
ordineit est de tous royés de laine maiesté, doient avoir dyes
sous ; delle embroyer dyes denirs et de mettre en wendes dyes
denirs delle dicte monoie. Item ordineit est de toutes scaffars a
floches, doient avoir noef sous ; del embroÿr sept dènirs ; de
mectre en wendes owit denirs et de raparelhir owit denirs del
dicte monoie. Item accordeit est de dois demeies blawes et
blanches dighedonnes, doient avoir douze sous sies denirs delle
dicte monoie.Item ordineit est de toutes scaffars scrowés, doient
avoir de laveir dois sous vi denirs ; delle embroyer quatre
denirs ; de mectre en wendes owit denirs delle dicte monoie.
Item ordineit est de chascon pieche de dighedonne de laine
maiesté, de chascon aune chinque denirs delle dicte monoie.
Item accordeit est de tous plains dras, delle aune quatre denirs
del dicte monoie. Item de tous dras royés, delle aune iiij denirs
del dicte monoie. Item ordineit est de toutes scaffars a floches,
delle aune quatre denirs delle dicte monoie. Item ordineit est de
tous dras a dois enviers et a j courois, doient avoir quatre sous
del dicte monoie. Item accordeit est ki ne soit maistre del dicte
follerie ne varles nulle, ki fache ke trois lawoires le samaine ; et
chis ki plus en ferat et proveit soit, ilh sieroit enceus elle poine
de cent sous de turnois del dicte monoie tante fois ke ilh le
feroit. Item accordeit est se ilh astoit nus maistre ki mains
vasist donneir az varles (¹) de fours (²) chi desoir escriptes,
chis ke chu feroit ilh sieroit ceus (³) elle poine de quarante
sous de turnois. Item se ilh astoit, nus varles ki plus en
demandast del four desoir dicte cis varles sieroit ceus elle
poine de quarante sous de turnois tante fois ke ilh le feroit.
Item accordeit est ke ki onques soit maistre de follerie,

(¹) Qui voudrait donner moins aux ouvriers.
(²) Du prix.
(³) Il choirait.

qui lairat le four desoir dicte ke ilh doient avoir az drappirs, li maistre ke chu ferat ilh sierat ceus el poine de quarante sous de turnois delle dicte monoie; et se ilh astoit ensi ke li dis maistre creist al drappirs largent de son drappe ke ilh aroit fait, li dis maistre sicroit encors ceus el poine de quarante sous de turnois. Et toutes ces amendes sieroient departies entre les dois parties cest a savoir : le moitié al maistre de follerie et lautre moitié az varles del dicte follerie. Item ordineit est se ilh astoit nus varles ki vosist enpronteir a nul maistre desoir dicte argent por overaige ki soit, li varlet ke chu feroit sieroit ceus elle poine de chinque sous de turnois tante fois ke ilh le feroit. Item toute en teil manire yest (*) li maistre ki li presteroit argent al dit varlet, li maistre ke chu feroit sieroit ceus elle poine de chinque sous de turnois tante fois ke ilh li feroit. Item ordineit est ke se nul varlet owist necessiteit dempronteir al dicte maistre argent solonc le necessiteit de maladie, de justiche ou dautre choize ke besoins li fuist, et li maistre tesmongnaste ke besoins li soit, lidis maistre le puet prester largent sens meffaire ne luy okineir (*). Item accordeit est se ilh astoit nul varlet ki amestiste (¹) nus maistre de follerie, ques maistre que che soit, de nul cauze ke che fuist, et proveir nel powist, chis varlet ke chu feroit ceus sieroit el poine de quarante sous de turnois. Item accordeit est se nus maistre ne varlet ki forfesist, ne ki brisast le dit mestir, ne ki sabandonast, ne alast ovreir az drappirs por les autres maistre, ne varlet enconbreir ne abassir, chis ke chu feroit sieroit ceus el poine de dyes livres de turnois, fuist maistre ne varles ki le feroit; et venroit les dis dyes livres de turnois moitié az maistre et lautre moitié az varles delle dicte mestir. Et nos, li maistre de follerie et varles desoirdis, astons acordet a chu ke nos metterons dan en an quatre hommes suffisans et ydones de nostre dicte mestir, cest asavoir : dois mais-

______

(¹) Qui quitterait *(amittere)*.

tre de follerie dune part, et dois varles de follerie dautre part,
ki sieront a chu commis de wardeir bien et loyalment sor lours
seriment poins chi desoir escriptes et los amendes de bien a
porsewir et bien wardeir. Et nos, li iiij hommes des dois parties,
jurerons par nos fois plenies sor les sens (¹) de bien wardeir et
tenseir tous les poins chi desoir escriptes et toutes les amendes
ausi. Et partant ke che soit ferme choize et estable et ke ilh soit
mies tenuwes et mies wardees cest lettre, avons nos pendut ou
faire apendre a cest presentes lectres fait par chirograffe nos
propre seal a savoir sont : Johans de Vernoy por mi, Lorens li
Follons por mi, Lamboc Mostoilhe por mi, Emmerike por mi;
Alardon, fis Johans Alar, prie et requier a Jamar Salemont dempronteir son seal; et ju, Jamar Salemon, al pryer et requeste de
dit Alardon, ai saieloit de mon propre seal a cest present lettre por
ledit Alar et ausi por mi. Ju, Johans de Hancheis, prie et requir
a Johans de Taynirs de saieleir a cest present lettre; et ju, Johans
de Taynirs, al pryer et requeste le dit Johans de Hancees ai
saieleit a cest presentes lettres mon propre seal por le dicte
Johans de Hancees et por mj ausi. Ju, Johans Groles et Johans,
fis Alar Dule Alar, prions et requerons a Henris Builhet ke ilh
nos priste (²) son seal; et ju, Johans Builhet, al pryer et requeste
de dit Groles et Hankines Alars, ai pendut mon propre seal; Hanes
Angueal prie et requir à Hanes de Hacourt ke ilh moi priste son
seal; et ju, Hanes de Hacourt, al pryer de dit Angueal, ai ju pendut
mon propre seal por mi et por luy; Giles li Hulhoir et Johans
Rikemudeal prions et requerons a Alardon, fis Johans Alar, en
teil manire; et ju, Alardon, al pryer et requeste de Giles et Rikemudeal, ai pendut mon propre seal; Herbiers et Hanes li bastars
prions et requerons a Johans Parteit ke ilh nos preste son seal;
et ju, Johans Parteit, al pryr et request de dit Herbier et Hanes li

(¹) Saints.
(²) Prête.

bastars, ai pendut a cel present lectre mon propre seal dequel
seal nos, li enpronteis, usons en ces cas et en semblan por nos
et tuit les maistre et varles del dit mestir. Che fut fait et donneit
lan de grasce milhe trois cens chinquante dois, diesnoef jour de
mois de septembre, cest a savoir le merquedi apres le sain
Lambier.

(Original sur parchemin, sceaux enlevés).

VII

**Le métier des drapiers achéte un moulin avec foulerie
entre Beaurepart et la Boverie 1365, 11 novembre.**

A tous cheaus qui se presentes lettres veront et oront,
Rausses de Haccourt, chevalirs et eskevin de Liege, salus et
connissanche de veriteit. Sachent tuit que pardevant nos et nos
tenans hiretables chidesouz nommeiz, si comme devant court,
vient en propre persone por chu a faire qui sensiet, Johans de
Lambermont, drappier et citain de Liege, si que un des quatre
eslus del mestir de drapperie de Liege, et relevat de nos, si que
par ses compangnons et en nom de tot le mestier de drapperie,
le mollin follereiche a totes ses aisemenches et appartenanches
seant deleiz le grant mollin condist *enmi leiwe de Muese* entre
Bearepaire et le Boverie, liqueis mollins furent jadis monsigneur
Johan de Lardir jadit chevalir et eskevin de Liege, et les acques-
simes a monsigneur Adan de Chokir chevalir ; parquen, al raport
de nos tenans et par leur ensengnement, nous fesimes al dit
Johan de Lambermont en aioeuz (¹) de tot le dit mestier de drapperie, del mollin follereche desoire nommeit a totes ses aise-

(¹) Au profit.

menches et appartenanches, don et vesture, por faire a tousiours
leur lige volonteit si comme de lour bon hiretage, parmi chinquante souz de bonne monnoe de cens quilh en denront a nos
et a nos hoirs ou successeurs cascun an hiretablement, le moitie
a Noel et lautre moitie a le nativiteit saint Johan Baptiste tan-
toust apres ensiwant, de teile monnoie dont oins paierat cens hi-
retable communement dedens Liege, et a chienq souz delle ditte
monnoe de relief ou de requestion doir (¹) a autre et de saingur
a autre. Et ens li commandames ban et pais si avant que drois et
lois fut et est del faire. Et parmi ces oivres faites sont et seront
toutes lettres faites entre le jadit monsigneur Johan de Lardir
et le dit mestier ou entre le dit monsigneur Adan et le mestier
des drappirs, faisantes mention dautre monnoie ou dautres
couses, mortes, adninchillées et de nulle valleur. Et toutes ces
oivres nos mesimes en le warde de nos tenans hiretables la
presens, ki lours drois cn oirent ct nos ausi les notres, a savoir
sont : sire Wautir de Tongres vestit d'Osoing, Herman de Co-
longne notre genre et Gilon Bacheleir de Soverain pont. Et par
tant ke ce soit ferme couse et estable, si avons nous, Rausses
de Haccourt chevalir, et si tenans desoire nommez ki ces oivres
conissons et wardons estre bonnes et faites en notre presenche,
por nos pendut u fait prendre a ces lettres nos propres seauz
en tesmongnage de veriteit. Ce fut fait lan de le nativiteit nostre
Signeur M.CCC. sissante et chienq, le jour delle feste saint
Martin yvernal.

(Original sur parchemin ; sceaux enlevés).

(¹) D'héritier.

VIII

Le métier des drapiers accorde pour trois ans à Joh. Rikemonde le droit de peser la laine à sa halle. 1367, 27 avril.

A tous cheaus qui ches presentes lettres veront et oront, Johans Rikemonde drappirs et Bachine se femme, salut et cognaistre veriteit. Sachent tuit que com Lambers Roseaus, Giles li Garsons, Pirons dit Sanson et Remey Halebache, mambors et porveoirs por le temps de tout li mestyr des drappirs de Liége, pour levident profit deaus et sour che li dit mestir conseilhiet et par diligent traityet par plusseurs fois ensemble mis, sy ont a nos, devant dis, aloweit et accenseit bien et loialment a loial firme et accense a une certain stuit de dois ans entrans et commenchaus al jour delle feste saint Lambert en moys de septembre prochainement venant et tantoist apres continuéement ensiwant, le stalaige par desous delle halle des drappirs deseur dis séans en saint Johan Strée a Liege, a tout le moitiet des pois delle laync, delle sendre et delle wodre (*) et le mesure entierement delle varanche (*) delle terre des folons et de wafre (*) et assi le demoraige en le mauson delle dite halle pour nos et notre meisme, pour estre plus apparelhies a tous cheaus que mestir aront des chauses desseur dites le dit stuit durant. Par teil que nos ne porons ne devons par nos ne par autruy levir pesaige ne stalleige outrement que ons lat leyeit et fais del temps passait, cest asavoir del livral une mitte de pessaige et stalaige et del marc dois deniers ; et ne devons ledit stuit durant estre coreurs ne parent a nul coreur et assi ne porons nos loweir ne accenseir a personne nulle pois, mesures ne nuls des meulires deseur dis sens le conseilh et volenteit des

dis mambors et porveors ou de cheaus qui pour le temps le
seiront. Et ne porons ne deverons le dit stuit durant la ditte
halle encombreir ne loweir si ce nest pour le profit del dit
mestir et par le conseilh deseur dit. Et devons assi la dite halle
clore et ovrir de temps et de hoire ensi que ons at fait anchie-
nement le temps passeit. Et se cest stuit durant ons faisoit nul
assay des pois ne des mesures deseur dites, nos devons cestés
costenges payer sens riens ravoir ne demandeir al dit mestir.
Et ne deverons assi tel dit stuit durant avoir nulle office en dit
mestir et ne porons assi envoyer nul coreur peseir fours delle
halle sens le dit conseilh et volenteit. Et assi pour chause
quilh avengne de guerre ne de malle wingne (¹) nen devons nos
riens demandeir ne discompteir al dit mestir delle somme chi
après escripte. Et se nuls debas avenoit entre luhenir (²) delle
halle et nul marchant alle ocquison de pesaige ne de stalaige,
ilh nen poront aleir a autre justiche fours que as quérire mambors et porveoirs deseur dis sens leur congeit et volenteit.
Et ne doit li huhenirs escondire la ditte halle a cheaus de mestir
pour menée (menre ?) layne waranche, allon et wode a parchon
entre eaus pour partir. Pour lequeil lowaige deseur dit nos devons
et avons enconvent par nos fois sour chu plenies et chascons par
le tout sens le delte (?) à départir a payer et rendre a dis mambors
et porveoirs ou a cheaus qui le seiront pour le temps chascon an
le dit stuit durant, trause vieux livres de turnoi comon paiement
pour le dit mestir et le saingnour del pays, a payer le moitiet al
Noiel et lautre moitiet en le feste delle nativiteit saint Johan
Baptiste apres ensiwant, de teile monoie qui courat pour le temps
à Liége, a pain, a char et a vien, et que nos recheverons sens
staupe (*) et sens engien et delivreir alle cange à Liége ou autrepart
la ou ilh le voront avoir, sens fraude, totes males ocquisons et

(¹) Mauvais gain, perte.
(²) L'usinier.

exceptions de guerre, d'arrest ne daltre chause en pays, fours
mises. Et de che obligons nos tous nos biens meubles envers
eaus et les donnons plain poioir de nos panneir et prendre tuits
nos dis biens, sensi avenoit que nos fuissiemes de riens deffalans
ensi que deviseit est chi dedens des dis covens a accomplir. Et
pour les quatre mambors et proveoirs deseur dis estre de ches
convens plus segur, nos les en avons donneis et constitueis condelteurs et rendeurs principals avoekes nos et chascon por li
tout cum dit est, hommes honestes Lamber de Liwon et Johan
Alart drappirs de Liege, as queils ilh poroient demandeir tous
ches convens assi bien cum che fuist leure principal debte et
convens ; les quelles rendeurs et condelteurs nos avons enconvent a jetteir (¹) de tous coust et damaiges qui a cesti ocquison
leur en poroient avenir a leurs simples dis sens loy ne seriment
a faire. Et nos, li dis condelteurs et rendeurs, connissons ches
dis covens et les promettons par nos sens sour che pleines a
tenir, faire et accomplir ensi que dit est et sens embrisier ne
aleir encontre, ne dire, ne mettre encontre, avant que li dis
Johans et damme Katherine sa femme soient de riens promirs a
convenire ; et se par le defaute deseur dite li quattre mambors
et proveoirs deseur dis covenist nos panneir, nos, li condebteurs
et rendeurs avons encon vent de delivreir a eaus nos vages (²) et
nos en lairons panneir tant et si suffisamment que pour eaus
voir a le dit Johan et sa dite femme promirs panneir ensi que
ilh en sunt obligies par deseur. Et partant che soit ferme chouse
et estauble ju, Hubiens Lorens li drappirs pour les dis Johan
Rikimonde et damme Katherine sa femme et a leures requestes,
et nos, Lambers de Liwon et Johons Alars, condelteurs et rendeurs pour nos, avons pendu ou fait appendre a ches lettres nos
propres saias en tesmungnaige de veriteit. Sour lan del nativi-

(¹) Jeter hors, dédommager.
(²) Gages.

teit Notre Saingnour milh trois cens sissante et sept, del moys
d.vrilh le vinte septeme jour.

(Original sur parchemin ; sceaux enlevés).

IX

**Le métier des drapiers fixe pour douze ans le salaire des
foulons. 1423, Ier octobre.**

A tous cheaus qui ches présentes lettres veront et oront, les
jureis, goverueurs et toutes les personnes et universiteit de bon
mestier des drappiers delle citeit, franchiese et banliwe de Liege,
salut en Dieu permanable et cognissanche de veriteit. Sachent
tuit que pour entretenir pais, union et transquiliteit entre nous
successeurs et les membres de nostre dit mestier et assi teilement
ordineir que nous nous puissons governeir li unc deleis lautre
en amour et nostre dit mestiers et les membres diceli obtenir
en honeur, avons ordineit et accordeit, ordinons et accordons
les ordinanches chi apres escriptes et déclarées, a dureir un
stuit ou tierme de douse ans, entrans et commenchans à jour
delle dalte de ces lettres et lun an tantoist apres lautre conti-
nueilement ensiwant, voir que nous avons tout premiers protesteit
et protestons que nos ne volons point alleir ne que ce soit allencontre des halteurs, sangnouries et juridictions de notre tres
reverend peire en Dieu hault puissant et redobté prinche mons.
Johan de Heynsbergh, par le grasce de Dieu evesque de Liege
et conte de Lous, des englieses et successeurs, ne des status,
franchieses et liberteis de ladicte citeit, les queiles nous volons
tot jours ayedier, wardeir, observeir et maintenir a nous
poioirs. En après avons ordineit et accordeit, ordinons et accordons que tout le terme des devantdis douse ans durant, li folons
de notre dit mestier ne poront prendre ne demandeir pour leur
deyu et salaire pour cascun drap comon que ilhs folleront, a

cheauz de nostre dit mestier des drappiers, que syez librez common paiement de Liege, et de une demée de semblan drap trois libres ; mais se telle demée tenoit plus de vinte dois olnes de long, ilhs, les dis folons, devroent avoir leur dit salaire montant le demée a vinte dois olnes et de sorplus de cascunne olne chinquez souls et trois deniers de dit paiement.

Item avons ordineit et accordeit, ordinons et accordons que pour cascun gris drap appeleit mostier villeir ou bleuwe, les dis folons doyent avoir a nous, les dis drappiers, sept librez et sept souls de dit paiement, et pour une demée al avenant en bonne foid sens malengin.

Item avons ordincit et accordeit, ordinons et accordons que tous cheauz qui sont de nostre fealteit et qui point ne siervent nostre banniere en oust ou en chevalchyes, payeront pour le folaige de cascunne démée de common drap trois librez et trois souls de dit paiement; et se la dicte demée passe vinte dois olnes de long, ils devront payer pour cascune olne delle pieche de premier enbattre (*) de chi al dieraine quatre souls dedit paicment.

Et partant que chu soit ferme chouse et estable nous, le dit mestier generalment pour nous, le gran seal de nostre dit mestier, nous Johans de Biernalmont escuier, Julin de Lierncur com jureis et pour le membre des drappiers, nous Biertrand de Spauz com governeur et Johan Daneal com a ce commis pour le membre de tesseurs, et nous Lynard Wavereilhe et Wilheame Barbeal pour le membre des maistres de folons, et nous Johans de Journal et Johan de Dolhen pour les varles des dis folons et alle proycre et requeste des dis membres, nous propres seals excepteit ju, le dit Johan de Dolhen, qui en cesti cas use de seal Servais de Dolhen mon peirc partant que ju nay point a present de propre seal, avons pendus ou fait appendre a ces presentes lettres en signe de veriteit. Chu fut fait lan delle nativiteit nostre sangnur Jhesu Crist milhe quatre cens et vinte trois, le premier jour de moys d'octembre.

(Orig. sur parchemin ; restent trois sceaux).

X

Commission et constitution du métier pour punir les compagnons qui avaient coopéré à la sédition de W. Dathin. 1433, 28 janvier.

Nous ly goverñeurs, jureis et touttes les persoïnez et universiteit del boin mestier des drappiers delle citeit franchiese et banlieu de Liege, salut en notre Singneur. Savoir faisons a cascun et a tous que, por subvenir et remedier a tous mauls, sedicions, traisons ou exhortacions contre droit et raison avenuwes derainement en le citeit de Liege, et por exemple doneir a tous cheauz qui en temps futur poroient ou voroient maligneir sedicion faire en temps a venir, affin que nous et tous bïn vuilhans a la citeit de Liege, franchieses et liberteis dycelle puissent de leurs marchandieses et labur lunc deleis lautre vivre en honeur en amour et en transquilliteit, sens de jour en jour troveir ne faire contre les statuts, franchieses et liberteis delle citeit nullez queilconques obsattes armeez, porchaches, priers, mocion, sedicion, cris, hahayes ou traisons, avons ja paravent, par plaine syete de nous tous, sor chu notre dit boin mestier indut et assembleit en notre lieu acoustumeit, commis et constitueis nous chiers et ameis confreres et comborgois assavoir : Colaur Flockelet, Henry Biertrand, Johans le Norois, Jaquemien delle Vauz, Johans Scat, Tilman Waldoreaul, Renkin del Casteaul, Johans Parpeite dit le Maire, Daneaul le follon, Johans Rave, Johans Parte, Johans del petit Mireur, Wathier delle Weige et Florkin Clert fis a dit Henry Biertrand, auzqueis nous a plain confians deauz, avons donneit plein povoir, puissanche, autoriteit et mandement especiaul de por et en nom de notre dit boin mestier generaulement faire inquisicions, enqueste ou apprises sor tous cheauz de notre dit boin mestier qui sont

ou ont esteit cupablez ou entachies tant delle sedicion ou
emovacion derainement advenuwe le jour delle fieste delle
visentacion Notre Dame derainement passeit, por parvenir
alencontre delle plaine syete delle citeit et del cris del peron
sor chu fait tochant en le persoine de Wathier Daultyn, et
aussy de cheauz qui puis celi jour doient avoir notorement
procureit, indut, informeit et porchachiet alencontre de ladite
syete et cri del peron et del seriment sor chu fait par le cyteit
generaulement, comme de tous cheauz qui ont ou avoir doient
fait armeez, assembleez, pryers, obsattes, sedicions ou traisons,
tant puis le jour de ladite visentacion notre dame comme le
nutte delle epiphanie condist des trois rois derainement passee,
et por les cupablez de chu en nom de nous punier et corregier
sorlont leurs demerittes et forfais et teillement que a tousjours
une cascuny puist prendre exemple; et en chu faisant nous prendons les susdits commis en le saulvegarde et protection de nous
notre dit boin mestier et successeurs, voir par nous protestant
et protestacion faisant que nous ne volons point aller ne que chu
soit alencontre delle saingnorye et juridiction spiritueille et
temporeille de notre tres reverain peire en Dieu hault et puissant
prinche monsaingneur le evesque de Liegie et conte de Lous, de
son engliex et capitle, des franckyes et liberteis delle citeit et des
enquestes faites et affaire par la ditte citeit ; les queis ensy
commis de part nous a nos commandement, commission et
recharge ont fait bonne et juste enqueste, inquisicion et appriese
sor cheauz de notre dit boin mestier faitulles des cas devan dis,
et par devant nous en plain mestier sor chu indut autre requeste
ycellez enquestes apprises et inquisicions four porteit. Par le
viertut des queillez ilhs ont par notre conseut et recharge premierement priveis, forbodeis et osteis de notre boin mestier, des
franchieses, liberteis et appartenanches dyceli assavoir : Johans
de Freres fis natureit Johans de Freres jadit merchier, Herwis de
Waremme clers, Servais de Dothey, Johanien se fil et Johans de
Vorous dit de Hesbaingne, et aussi leurs femmez et enfans sens

chu que ilhs dors en avant jamais en temps futur soy puissent
entremelleir de notre dit boin mestier en nuls cas, des franchies,
bins et liberteis dyceli, ne que a nous puissent avoir recours,
assistenche ne confort en manière nulle Et en apres ilhs les dis
commis ont aussy par notre consent et recharge priveis et osteis
de toutes offiches de notre dit boin mestier, de syetes et croie
affaire sor celi, assavoir : Julin de Lierneu, Collette del Gellier,
Watelet Alair, Renchon Jaiolet et Henrion fis a devant nommé
Servais de Dolhen, les queis chinque derains escrips soy puelent
de notre dit boin mestier et marchandieses entremelleir sens
syete ne croie faire ne offiche porteir, voir que parmy chu ilhs
doient et devront envers nous et notre dit boin mestier faire tous
serviches oustes, chevachies, wez, crenees et autres servitudes
aussy bin que nous meismez sens excusanche faire. Les queillez
enquestes, apprieses, inquisicions, dit et pronunchiacion des
susdits commis nous, le devant dit boin mestier generaulment
por nous, nous hoirs et successeurs a tous jours, cognissons y
estre fait par notre greit, seyut, mandement et recharge et plainement y estre le fait de notre dit boin mestier entirement aussy
bin que doncque nous et unc cascun de nous par li y awissins
esteit presens; sy les ratifffions, approvons, confermons et les
tenons par boin ferme et estable en touttes leurs partyes et
expressement en prendons le fas sor nous en promettant sor
fideliteit de mestier de chu les susdis commis a tenir a tous
jours en pais. Et avuccque chu avons ordineit, statueit et accordeit
statuons, ordinons et accordons que sil astoit nuls de notre dit
boin mestier qui alencoutre des ordinanches, dit et pronunchia-
tion susdis allasse, procurasse ou fesisse alleir ne procureir par
li ne par aultruy en secreit ne en appiert en maniere queilcon-
que que, tantoist chu seyut bin proveit et mis a cleir, ilh soit
attaius envers notre dit boin mestier promirement et principaul-
ment de une voie de Saint-Jaqueme en compostelle et en apres
de dies florins de Rins doir a applichier par le moitiet a notre dit
boin mestier et lautre moitiet a celi ou cheauz qui raporteroit ou

raporteroient teil ensi allant ou procurant contre chu que dit est, et a payer la dite somme et del voiaige a movoir dedens trente jours tantoist eauz commandeit ou intimeit par les officyers de notre dit boin mestier ou les aulcuns deauz et tout chu sens remission sor paine de y estre priveis forbodeis et osteis de notre dit boin mestier et des franchies dyceli entirement. En tesmongne des queillez chousés nous, le devant dit boin mestier des drappiers, por nous le grand seaul de notre dit boin mestier, ju li dis Colaur Flockelet por my et por le dit Daneaul, ju Henry Biertrand por my et por Florkin mon fil, ju Tilman Waldoreaul por my et por Johans le Norois, ju Jaquemien delle Vauz por my et por Johan Parte, ju Wathier delle Weige por my et por Johan del petit Mireur, tout chu fait en present del dit boin mestier. Et nous, tuit li autres commis devant nomeis, por nous et cascun par li avons alle requeste del dit boin mestier pendus ou fait appendre a ces lettres nous propres seauls en signe et coroboracion de veriteit. Faite et donée en lan de grausce milhe quatre cens et trente trois, del mois de jenvier le vinte owyteme jour.

(Original sur parchemin. Grand scel du métier et 7 petits sceaux des commis).

XI

Tarif et réglement pour les foulons. 1435, 10 mars.

In nomine domini amen. Nous ly jureis, ly governeur, ly ewardens et tout les personne des boins mestier des drappier delle citeit et banliwe de Lige, savoir faisons a tous que, veout et considereit quil ait eysteit fait pluseur ordinanches entre les membres de notre dit bon mestier, et sorvenant entre le membre des drappiers et le membre des follons al cause de leur oweraige, quement en fais ont eysteït brisiet pour le defait de boin governement ou pour acquis singulier de cheaus ou celles de notre dit boin mestier et pour chu acoustreteit (*) et pour savoir combin il deveront avoir ou payer pour le foillaige (*) dun drap et dun demee de chy jours en avant; et pour entretenir pais et union, tranqueliteit entre nous, nous successeurs et les membres de notre dit bon mestier, et aussi telement ordineir que nous puissions governeir li unc deleis laltre en amour, et notre dit mestier et les membres de cely obtenir et honoreit, avons ordineit et accordeit, ordonnons et accordous les ordinances chy apres escrites et déclarées, a dureir unc stut ou terme de dyese ans, entrans et commenchant à jour delle dauté de ches lettres et lun an tantot après lautre continuelement ensiwaut; voir que avons tout promier portesteit et portestons que nous ne volons point aleir allencontre del haulteur et saingourie et juridiction de notre trés reverent peire en Dieu haut et puissant et redobteit prinche monsongnour Johan de Heynsebrech, par le grasce de Dieu evesque de Liege et conte de Lous, delle Engliese et successeurs, ne des status, franchiez et liberteis de la dite citeit, les queis nous voulons tous jour aydier, wardeir, observeir et maintenier a nous poioir. Et apres avons ordineit et accordeit, ordinons et acordons que tout le terme de dyese ans durant, li follons de notre dit mestier ne porront prende ne demandeir a nous dis drappiers, pour leur deut et sallaire, pour cascun draps fait de grayt mons, de fleur, de koxhe, de simple gris, que wyt libres common paiement de Liege, et de une demée que quattre libres de ce payement. Item avons ordineit et accordeit, ordinons et accordons que de tous gris draps melleis et tous bleuwe ausy melleis, deveront avoir nous dis follons noef libres, et de une demée quattre libres dyes souls de dit paiement. Item de tous altres draps faits de hoppe de layne, doient avoir nous dis follons dyese libres dyese souls, et de une demée chincque libres chincque souls de dit paiement; les queis draps et demée devant loym-

meis (¹) les dis drappiers les poront bin faire de layne d'Ardin,
de Hasbaingh, de Scoche (²), de Fors (*), d'Espaigne et daultre
layne ossy loymmeis, sens frawe ne malengin. Les queis draps
devant loymmeis doient par les dis follons eystre bin fais et
folleis pair le dit des rewairs (³) des ewardens ; et sil avenoit
que teis draps ou demée ne fuissent nien bien fais par le dit des
ewardens, que cely follons soit tenus del raymendier (⁴) et
rent aux drappiers devant trois jours après chu que ilh sereit
renvoyez en sa manson, sour lamende et valeur delle faichons
de draps ou demée; et sil avenoit que li dis follons en fust
rebelle del raymendeir, que les aultres follons le puissent rai-
mendeir sans meffaire a fraiz de cely rebelle, et sueit serreit
notre dit mestier sour cely rebelle tant et si longement quil
aroit payet le dit amende et raymendaige de dit draps; et
que ne soit nus ne nulz de notre dit mestier qui dont (⁵)
oweraige a cely rebelle tant et si longement quil aroit payet
ledit amende et raymendaige de dis draps, sour le peine et
amende de unc florin de Rins dour. Item avons ordineit
et accordeit, ordinons et accordons, quil ne soit nus ne
nulz de notre dit mestier qui faiche nus draps plus long
que de xlij onnes, et une demée que de xxij onne, sous le
paine et amende delle texhaige de dis draps ou demée; et
doient avoir nous dis follons de leur (⁶) que ons draps verroit
de xliij onne, par cescun onne delle promier. . . . . (⁷)
un labay; et parellement se une demée venoit a xxiij et sans
frawe ne malengin. Item avons ordineit et accordeit, ordinons et accordons quil ne soit nus ne nulz de notre dit mes-

(¹) Nommés.
(²) D'Ecosse.
(³) Au dire des rewards.
(⁴) Amender, rendre bon.
(⁵) Donne.
(⁶) Dès lors, aussitôt que.
(⁷) Trou dans le parchemin.

tier qui die (?) ne faiche en nom de ly draps ne demée
folleir a nulz presonne qui soit de notre fealteit, sour le paine et
amende de unck florins de Rins ; et que tous texheurs qui
texheront ensi draps de notre féalté soyent tenus de faire une
demée crois en le moyins de draps al entrebat aux promirs
coront ou aux direns (¹) sour le paine et amende de dois bodd.
de cascun piche. Item avons ordineit et accordeit; ordinons et
accordons quil ne soyt nuls ne nus de notre dit mestier qui
dont a dis follons, en secreit ne en appier, plus grande sallaire
que le pris deseur dit, sour le paine et amende de une semblant
florins comme deseur y estre escript ; mens les dis drappiers
porront bin donneir a dis follons, sil les plaist sens meffaire,
devent layne pour beuveraige (²) chincq ou six bodd. Item
avons ordineit et accordeit quil ne soit nus ne nulz de chy jour
en avant qui clauve ne quistent (*) nulz draps en vendre sil nel
retrait, sour le paine et amende de une florin come deseur sont
devisieit, voire se teis draps astoit mis a vendaige sens retraite.
Item avons ordineit et accordeit, ordinons et accordons que
nous, ewardens de notre dit mestier, soient tenus de faire
envenir les deseurdits amendes awecke les amendes de nos
dites chatre qui pont ne volons quilz soient entrebrisiet, et my
chu ilh deveront avoir le moitiet de deseurdites amendes, et ly
aultre parvenrat a notre rentier de notre dit mestier pour et en
nom de notre dit mestier ; et sil avenoit que les ewardens de
membre des follons fussent rebelles de jugier aweck les aultres
ewardens des points deseurdis, tant fiez que rebelles en sieront
quilz soient a lamende de florins de Rins come descur sont deviseit. Item avons ordineit et accordeit, ordinons et accordons
sil astoit nus ne nulz de notre dit mestier qui pourcura ou fesist
porcureir en secret ne en appier, ou allast a lencontre des ches
presentes ordinanches le stut des dies ans durant, que tantost

(¹) Aux deux bouts.
(²) Pourboire.

chu sayut et mist a cleir et le fait bin prouveit, quil soit attins
de trois semblant florins come deseur sont deloymeis a paier
dedens trois jours apres chu que comandeis li sierat de parts
nous governeurs ou comis deaus, sour pierde le mestier tant
et si longement quilz aroit payet les dis trois pessant florins ;
et quil ne soit nus ne nulz qui dont ne quimet en nowe (¹) celi
ou cellez ensi procurant, tant et si longement quil ait paiet les
dis trois florins, sour le paine et amende de trois semblant florins, et pourveront et deveront pourvenir a notre rentier pour
et en nom de notre dit mestier. Et pourtant que chu che soit
fieme choise et estable, nous, li dis mestier generalment pour
nous, le grand seaulz de notre dit mestier, nous notre maistre
Fastreit Bareis Sourles escuyer, Conar Wathier comme jureis
et pour le menbre des drappiers, Soyhier de Geneffe et Renkins de Castealz governeurs, et pour le menbre de texheurs
Johans Parpeit dit le Meir come governeur et Johan li Noyroise,
et pour le menbre des follons Johans de Herve et Corneis, am-
bedois enwardant por ledit membre des follons, et pour les
varles de quartier Johan Parteit et Johan de Jergeval al proyer
et requeste des dis menbres nous propres scials, excepteit ju,
li dit Soyhier de Geneffe, qui en cesti cas use de seals Henris
Bertrans pour tant que je nay point de seals, ju parellement,
Conar Wathier de seauls Henry mon freiz, ju, Johan de Herwie,
des seauls Johan Doyneal, ju, Corneis, de sealz Collar Fokeles
et Johans Parteit de sealz Gerar de Plenevalz, pour tant que
nous navons point de seaul propre a present, avons pendut ou
fait appendre a ces presentes lettres nous propres seaulz en
signe de veriteit. Chu fut fait lan delle nativiteit notre sangnur
Jhesu Crist milhe quattre cens et trenchincq, le dyeseme jours
de moys de marche.

(Orig. sur parchemin. Onze sceaux enlevés).

(¹) Qui mette en œuvre, qui emploie ?

XII

**Accord entre les drapiers et les teinturiers au sujet du salaire
de ceux-ci. 1447, 23 février.**

Nous Thilman Waldoreal pour le temps maistre delle cité de
Liége, salut. Savoir faisons a cascun et a tous, comme environs
trois ans chidevant passeis different soy fuisse esmeus entre le
boin mestier et les personnes generalement des drappiers dele
cité de Liége dunc parte, Willemme Dessener, Thys Lanchemanne, Gilis Vleeshouwer de Tongre et Jaqmien de Houtain tuis
tindeurs dele dicte cité dautre, a cause de salaire et prix quilx,
les dis tindeurs, a celi temps demandoient a avoir plus avant que
en devant navoient oyut pour les tintures des draps des colleurs
teles que lesdits drapiers avoir les voloient, lequel salaire
lesdits drappiers point ne voloient donner autrement que fait
avoient le temps passeit, et dont lesdits tindeurs cessont dele
ovrer et tindre; pour quoy lesdis drapiers ou les goverueurs
dedit mestier trairent en cause les susdits quattre tindeurs par
devant maistre et consel dele cité, par devant lesqueilz il en fut
si avant questioneit que lesdis maistres et trente deux passont
et accordont, suyant les exploiz sur ce faiz, que les susdis quatre
tindeurs de temps advenir tindassent et ovrassent à teilx pris
que stoffe, matere et denrée de leur mestier yroit, fuisse a
hault pris ou bas pris, sains fraude en ce conven; par vertut de
laquele déclaration par lesdis maistres et xxxij rendue et icelle
moienante, partant que lesdis tindeurs disoient par icelle estre
blechiés et grandement perdans se ils tindoient a teilx pris que
lesdis drapiers les requeroient, hommes et arbitz furent; tant
par ledit boin mestier dune part et les susdis Willem, Thys,
Gilis, Jacquemien, d'autre, pris et eslis pour de ce appaisier et
accorder; lesqueilx hommes par eaux bin entendut le declaracion

desdis maistres et xxxij, considereit et calculeit le pris et valleur
delle denrée, stoffe et matere quil failloit a tindre les draps des
colleurs teles que lesdis drapiers avoir les voloient, dessent que
le wausdre partennante a une brunette selon le semblare accoustumeit dudit mestier, povoit valoire chincque griffons et
demi. Et apres ce lesdis drapiers et plussieurs borgois dele dicte
cité soy deplendoient que lesdis tindeurs erroient grandement
aux colleurs des roiges, verres et sangwing, car point ne les
faisoient si bin ne de si grandes collours quon faisoit en autres
bonnes villez à Tournay et autre part, dont ilx estoient grandement perdans et yroit le draperie dele dicte cité en déclin se
pourveut ny estoit; si que pour ad ce remedyer et pourveyr et
pour la dite cité avoir noiu, en icelle avoir et troveir boins
draps bin tindres de bonnes et haultennes colleurs, ilx, lesdis
drapiers et les personnes dudit boin mestier, mandont ung
nommet Giele de Molin tindcur, auquel ilx donnont le grande
raute dudit mestier parmi tant quil, Giele, devoit tindre de boul-
hon les draps des colleurs susdites de bonnes et belles colleurs
aussi belles et aussi bonnes quon faisoit a Tournay et autrepart.
Et parmy pour cascun drap et chacun selon sa colleur et pris
payant comme les lettres seeléez de seel ledit boin mestier et
dedit Giele de Molins font mencion et continent plus ad plain.
Et apres tout ce que dit est par desseur fait et advenut, et de
rechief novealx differens et discors soy fuissent esmeus et
susciteis par et entre lesdis drapiers dune part, et les susdits
Willeme Dessener, Thys Lanchemanne, Gilis de Tongre,
Jaquemien de Houtain et Giele de Molins tuis tindeurs dautre,
touchant le wausdre quil falloit et povoit partenir a une brunette, sangwinne et werre, dont lesdis tindeurs voloient avoir
pour le wausdre partenante a une brunette chincque griffons
quinze bodd. et disoient que tant en avoient oyut et en avoient,
et lesdits drapiers disoient quilx nen avoient paiet et n'en
paioient que chincque griffons et demy et que plus nen paie-
roient, dont pour ce lesdis tindeurs cessont delle tindre et ovrer

une grande éspauze de temps, qui estoit en tres grand prejudice
et dammaige desdis drapiers et sen tenoient tres mal contains,
et avoient pour celi cas fait commander ausdis tindeurs sur
estre albains suyant le susdit declaration des maistres et xxxij,
que dedens viij jours ilx tindassent, auqueil commant point ne
obeyrent, ains furent crieis albains et escrips et encor le sont.
Sur et pour tous lesqueix differens, discors et entredeux, partant que lesdis drapiers et tindeurs sont dun mestier et de ung
meisme seriment, certains boins borgois dedit mestier convoi-
tans le honneur et proffit deaux, sentans iceli discors non devoir
estre entre eaux, ains devoir estre tout unq comme freres, soy
sont entremelleis, partant que le different estoit si petit et bin
pour accorder, et que ce estoit pour le waindre dunne brunette
dont lesdis tindeurs en voloient avoir chincque griffons et
quinze bodd. et lesdis drapiers nen voloient donneir que
chincque griffons et demy, priont a eaux lesdis drapiers et
tindeurs que diceux differens volsissent prendre hommes ou
tenir ad ce que par nous le susdit Thilman Waldoreal dit et
determinet en seroit. A laquele supplication et requeste in-
clinans, lesdis drapiers par plaine syete du dit mestier faite
pour cesti cas en leurs lieu accoustumeit, dessent, promiesent
et oerent convent dele tenir et accomplir ce que par nous dit et
determinet en serat. Et les susdis Willeme, Thys, Gilis, Jacquemien et Giele tuis tindeurs, dessent aussi, promiesent et
oerent convent de le tenir, faire et accomplir tout ce et de
quant que par nous dit et determinet en serat, comme sovrain
et puissant en la cause. Sur quoy nous, Thilman Waldoreal
susdit, comme puissant et sovrain en cesti cas, premirement
par nous bin et deyubtement visentiet tous les autres (¹) paravant
lais, et specialment consellies et pris information a ceaux qui
a teilx cas soy cognissent, consideret le different et discors

___

(¹) Tous les actes, toutes les chartes?

estre si petis que de chincque bodd., avons dit et sentenchiet
disons, pronunchons et sentenchons notre dit sentenche comme
sovrain et puissant en le manire qui sensiet. Le nom de Dieu
premirement invokeit que bonne paix, union et concorde soit
et demeurt entre les dites parties; en apres disons, prononchons et sentenchons que les governeurs de dit boin mestier
quant requis en seront soy loyent (*) des albainstés fais ens personnes des susdis tindeurs et au papier dele Violette et que les
tindeurs, se quittez en vuelent estre, soy fachent ferir fours de
papier et a leurs frais. Item au point de discors touchant le sa-
lare et pris dele waindre partenant a une brunette, dont lesdis
tindeurs en voloient avoir chincque griffons et quinze bodd. et
les drapiers nen voloient donner que chincque griffons et demy,
dissons et sentenchons, comme sovrain en cesti cas, que lesdis
chincque tindeurs de ce jour en avant ovrent, laburent et tindent
bonement et loyalment selon le patron de temps parmi a eaux
payant pour le wansdre dune brunette chincque griffons douze
bodd. et demi. Item au point des verres et sangwing de deux
olnes pour une long brunette aussi de deux olnes et ayent pour
le wansdre dun verre de deux olnes deux griffons. Et sil advenoit
de ce jour en avant que le denree remonlast ou ravalast, que
pour choese que lun ne lautre polroit diere ne pour different
quilx en enwissent ou avoir polsissent, que pour ce ne puelent
et ne doient serier ne cesser quils ne ouvrent, laburent et tindent
tout dis; et se li defferent estoit si grand que entre eaux meismes
nen polsissent estre daccors, que dont quant ce advenrat quilx
en tengnent et accomplissent tout ce et de quant que dit et
determinct en serat par le bonne ville de Tongre et par le bonne
ville de Haske sains aller allencontre, demorant le declaration et
jugement par lesdis maistres et xxxij rendus en leur forche et
virtut. Item en apres disons, prononchons et sentenchons que
cascun desdis chincque tindeurs mettre tantost et dedens owyt
jours en le main des governeurs dedit boin mestier deux pessans
florins de Rins, cest ensemble dyes pessans florins, pour les

convertier en recompensation des grains et horribles demmaiges, frais et despens quilx, lesdis drapiers, ont oyut pour faulte desdis tindeurs qui point nont ovret ne laburet. Laquele notre presente sentenche, dit et pronunciation injondons ausdis drapiers et tindeurs et a chacun deaux singulerment dele tenir, faire et accomplir en toutes ses parties sur paine de compromis et creans par eaux fais sans en ce queir fraude. Et partant que ce soit ferme choese et estauble, nous Tilman Waldoreal, avons a ces presentes appendut ou fait appendre nostre propre seel et nous, les governeurs et tuit les personnes generalment dedit mestier des drappiers, avons pendut le grant seel dedit mestier ; et nous Willem Dessener, Thys Lauchemanne, Giles Vleshouwer, Jacquemien de Houtain et Giele de Molins tuis tindeurs, avons pendut ou fait appendre a ces presentes nous propres seelz deleis et avoech les seelx de susdit notre maistre Waldoreal et dedit boin mestier en signe de verité, sur lan de grace dele nativité nostre seignor Jhesu Crist mil quatre cens et quarante sept, de moys de feverier le vinte troizeme jour.

(Orig. sur parchemin , avec les sceaux de F. Waldoreal, W. Dessener, T. Lanchemanne, et J. de Houtain. Les trois autres ont disparu).

XIII

Le métier loue le grenier de sa halle à la Société de réthorique. 1562, 12 mars.

Nous, les officiers et généralité de bon mestier des drappiers de la cité, franchise et baulieu de Liége, estant ensembles convocquées sur notre halle et lieu accoustumeit par Gielet de Looz nostre serviteur serimenté, qui le tesmoingnat, le xij^e jour de marce anno quinze cens soissante deux, et la miesme, comme y nous fut oultredonneit et exhibueit certaine supplication par les

maitres et confrèrs de réthoricque quondit des Innocens, con-
tenante les voloir loweir ou rendre a stuit notre halle certain
terme, pour par eulx remonstreir aulcuns exemples et l'escrip-
ture evangelicque contenant l'honneur de Dieu pour ledification
et entretenance de commun peuple bon crestien, miesmement
requist par les maitres et confrers vouloir accordeir les conditions
cy embas declareit sour le payne dessoubz escript, premierement
de voloir parfaire le grenier de notre dite halle dung coire a
aultre en telle sorte que il est presentement encommenchies
asscavoir, de terrasse et planche ou que il en sierat besoingne,
voir bonne, leale marchandise, icelle qui par congnisseurs sierat
prisée et que nous officiers et generalité susdit aront cause de
contentement ; il miesme faire une platte montée pour alleir
sour icelluy dit grenier et le mectre la ou y sierat par les
officiers ordonneit a icelle fin gaingner quelque commodité ; il
miesme ce ce trouveit fust aulcune choses brisiez ou rompus
a leurs loccasion des dis suppléant le voloir refaire à leurs despens. Ce néantmoins après par nous les devant dits officiers
et generalité entendus et incorporées le contenus et l'effect de
la supplication et presentation devant dite, avons unanimement
et sains hommes debattans passeit et accordeit, passons et accordons que les dis suppliant poront avoir ung stuit et terme
de owyt ans pour faire et uzeir comme devant dit est, commenchant ledit stuit a premier jour de may xv° lxij, finant a premier
jour de may lxx ensuyvant, conditioneit que telsdis remidrement
par lesdits suppliant present debverat estre faict et paracheveit
dedens le jour et feste S^t. Johan Baptiste prochainement venant
et ou cas de deffault que ainsy ne soit faict, nous gouverneurs,
poront demandeir comme debte a tule (*) a Gielet de Looz le Joesne
et Hubert Bur ambedeux confrers de ladite compangnie, comme
iceulx estant obligiet por le susdit remidrement, la somme de
xij ˣˣ x florins liegeois.

(Document sur papier, aux archives de l'Etat à Liége).

XIV

**Ordonnances pour les weines clowées desseur et dessoubz.
1563, 13 août.**

Nous les gouverneurs, jureiz, les quatre de nostre halle
avecques touttes la généraliteiz et communalteiz de bon mestier
des drappiers de la cité, franchieses et banlieu de Liége, estans
sur nostre halle et lieu accoustummeit ensembles convoqueis
par Gielet de Looz nostre serviteur serimenteit qui le tesmoingnat, le troisieme jours de moix daoust quinsecens soissante
huictz, scavoir faisons publicquement par le tenure de ceste presente nostre lettre, faisons, statuons et ordonnons entre nous les
ordonnances, lesquelz volons par nous et successeurs dung commun accorde les plainement maintenier, observeir et wardeir
pour de tant mieulx dirigeir et conduire les draps, chaffurs et
kersée az weines, réservant lauthoriteiz et priviléges des draps
et forur comme cidevant, affin éviteir et rejecteir tous abus,
fraudes et déception, dont de mot à mot sensuyent la manière az
icelles articles sécutivement a obeir et ne les enfraindre, ainsy
que chiapres les narratives des peines sont ci embas mentionnés
az délinquans.

Premier est asscavoir que on porat licitement, sueir nous
draps, chaffurs et kersée az courtes wendes erigées et faictes
sur nostre heritaiges az wendes, extantes icelles dehors Chastea
az thiers des wingnes, les povoir cloweir dessoubz à la plus
moindre folle et sains travailhe que faire se peult, conditioneit
ce il est trouveit aulcuns ou aulcunes de quelcques estat qui soit
tirant draps, chaffurs, fours ou kersée, soit de loing ou de large, et
y ce vient rompre ou deschireir, incourerat en la peine et amende
de ung florin doer ou la vraie valeur, sains soy povoir excuseir
sour umbre de ses enffans, servant ou servantes.

Item les drappiers ayant wendes ens leurs héritaiges ou ens aultres lieu commodieux pour cloweir lesdis draps, foururs, chaffurs ou kersee desseur et dessoubz, en joyront et possederont pour sueir en la maniere et ainsy que devant dit est; réservant ceulx qui ont wenes ens leurs héritaiges, seront tenus livreir louverture de leurs maisons et héritaiges az seigneurs ewardens qui les seront pour le temps, que pour de leurs wendes et marchandises avoir inspection, sur paine et amende de ung florins doer az rebellans et defailhans tant de fois et quante fois requis en seront par lesdis sieurs ewardens.

Item ce trouveit est draps rompu ou deschireit venant des tindeurs, iceluy a cui ledit draps serat partenant ou ceulx et celles des maisnées les mectent az wendes. lesdis romptures ou chyres trouvée, en debveront faire premièrement ostension et monstre ausdis ewardens avant les povoirs cloweir desseur et dessoubs, ou doncque en labsence des seigneurs ewardens le faire vérifier pardevant les gouverneurs et jureiz par deux tesmoings digne de foid, sur la peine et amende devant dite ; lesquels tesmoings seront tenus faire sériment avoir iceulx romptures ou chires veu avant les mis et cloweit ausdites weindes desseur et dessoubs.

Item poront les ewardens prendre touttes drapperies et les assaillier ens leawe froid et chaulde, et se faulte y trouvent, troix florins doer damende et confiscation dicelle ce le cas est trop exhorbitant.

Item que personnes de quelcque qualité quilz soit, ne présume mettre marchandises ausdites weines, assavoir draps, chaffur, kersée et bailhette ou marchandises estrangue, se telz drapperies ne sont à eulx partenante, silz ne sont doncques demorant habitans ou labourant ens les maisons a cuy telz marchandises est partenante, a paines az contrevenans de telle amende.

Item que personne ne présume de suer et mectre des estrocit draps ausdis wendes et iceulx assubjecteir en neufz quartier de large (*) sour umbre de nostre dit bon mestier sains que à nul

jour nous et nous successeurs le porons remissioneir attendu
la faulseté commis et reproveit de son seriment comme parjure.
Derechief avons ordonneit et statueit pour demoreir a perpetui-
teit en repos, affin éviteir touttes esclandre, hayme, odiositeiz et
discentions que cidevant entre nous ont rengneit à raison des
offices qui se donnent et renouvellent annuellement, est que nule
personne suyant noz précédentes ordonances estre et porteir
ne demandeir deux offices, ains soy doit contenteir dune seule
non comprins en ceste presente les offices rengnante ad vitam;
et ne debveront estre az élections des offices en nostre
chambre present sinon les deux gouverneurs, juriez, quatre
delle halle, banneresse et le vieulx maistre de membre, clercque
et varlet, et se en nostre mestier y eust alcuns commissaire on
les porat dedans appelleir pour lhoneur de leurs offices; voir ce
en nombre des susdis officiers eust aulcuns demandant queclque
offices quant adoncque seront tenus sortir sains contredict;
conditioneit que à jour St.-Severins en faisant lelection dung
maistre, les vieulx maistre poront demoreir az élections; finable-
ment que les non capable ne ad ce idoine, quant ilz convient
faire aulcunes elections dofficiers ou aulcunes sieulte et se-
quele, ne soient receu ne admis suyant le contenus des précédentes nous ordonances, comme ossy ceulx qui ne fréquentent
nostre bannière et gens non mariez, veu et considereit que des
non mariez y at trop grand nombre ce qui a causeit parcide-
vant les troubles et differens; conditioneit se il advenoit que
aulcuns desdis officiers venist reveleir le secreit de chambrea
quant adoncques serat priveit de son office et de mestier.

(Reg. aux recès du métier des Drapiers, 1552-1578, p. 132).

XV

Mandement contre les recoupeurs de laine. 1569.

En conseil de la cité de Liége tenu en la sale haulte en judi xxiij^e jour de mois de jung 1569.

Gérard de Groesbeck par la grâce de Dieu, evesque de Liége, etc., à notre souverain maieur de ceste notre cité de Liége ou son lieutenant et à tous autres nos officiers et justiciers cuy ce regardera, salut. Savoir faisons, come estant puis quelcque mois encha de la part du Roy catholicque en diverses lieux de ses Pays-Bas (pour éviter les préemptions et monopoles qui se faisoient en trafficque et marchandiese de layne au grand préjudice des drappiers, foullons, tainturiers, retondeurs et semblables exerceans faict de drapperie et à detryement de la comunne) statué et publyé certaines ordonnances et deffenses, entre autres des dictes préemptions et dachepter laines hors franck marchié, non par autres que par gens de de leur stiel et mestier soy servans de semblables laynes, par où bonne partie des dictes préemptions, tant de noz subjects que des subjects de sadicte majesté et qui se sont accoustumés dachapter, amasser, enserrer et retenir les-dictes laynes, ne pouvans, obstant ledict édict, exercer leurs dictes monopoles esdis Pays-Bas, sadvanchent dachapter et amasser touttes sortes de laynes en cestuy notre pays au grand préjudice de la commune et entyere destruction des mestiers et exercice de draperie come dit est ; pour à quoy remedyer et pourveoir vous ordonons et comandons bien et à certes que de notre part es lieux et destroictz de votre office ou lon est accoustumé faire cris et publications, faites de notre part expres commandement et defense que doresnavant nul ne se présume dacheter laine de quelcque sorte quelle soit, prinse en cestuy

notre pays et qui ne vient des pays Dengleterre, Espagne et
d'autre pays estrangier, sinon sur le franck marchié et au poix des
bonnes villes ou franchieses de cestuy notre dict pays aieans
privilége de franck marchié et aux lieux et heures accoustumez
et danchieneté en ce observez ; saulff toutteffois que ceulx qui
tienent et nourissent blanches bestes en cedit pays, pouront
vendre les laynes procédantes de leurs dictes bestes après quelles
seront tondues es lieux et au temps que bon leur semblerat ; et
pour autant que la chierté de la dicte laine semble bonne partie
procéder et venir à cause des marchans qui les vont préachetor
et les gardent jusques à l'extreme chierté, ou les conduisent et
vendent hors cestuy pays, avons ordonné que à nul marchant ne
sera doresnavant permis damener, vendre ni distribuer aucunnes
laynes hors des limittes de notre dict pays ne miesme en cedit
pays à marchans estrangiers ou pour les miner et conduire hors
diceux pais, sauff toutte fois que les estrangiers besongnans de
leur stil et par eulx miesmes en laines, pouront pour leur usage
et exercice de leur styl et mestier, tant seulement acheter laine
en cedit pays come dit est. Et réciprocquement come à noz
subects est permis aus dis pays de Braibant en faisant pre-
mièment et avant toutte es mains de lofficier du lieu où ils
vouldront acheter teles laines, serment quicelles laines ilz
achaptent pour les employer en besoing par eulx miesmes et
non pour les revendre en autre main, en prendant sur ce congé
et act dedit officier qui leur debvera par iceluy estre delivré sains
en payer quelcque droit ; ne poura aussy quelcquung qui que ce
soit achapter, retenir, directement ou indirectement ne en
quelcque manyer que ce soit marchander aucunnes laines pendant et de temps quelles sont encour sur les moutons, brebis
ou angneaux, le tout (à dessus d'arbitrare correction) à paine
destre chastiés come autheurs de monopole selon lexigence de
cas, sains aucunne grace, faveur ou dissimulation et de commettre,
perdre et forfaire lesdictes laines ou la valeur dicelles par ceulx
ou celuy qui aront contrerement à nos dictes ordonances ou

aucun poinct d'icelles, et pardessus ce de payer lamende de trois
florins dor pour chacun liverea de laine que contre et en préjudice
que dessus, seront vendus, achetés ou eminés; à applicquer les-
dictes amendes et forfaitures ung tyers à notre proffit, ung
tyrs à lofficier qui en ferat lexécution et le troixème tyrs au proffit
du raporteur et dénunciateur. Et pour faire sortir notre dicte
ordonance plus prompt et meilleur effect, voulons et ordonons
que tous estrangiers qui en notre dict païs achapteront ou
feront achater laines, seront tenus à dessus desdictes promesses,
serimens et déclarations, de donner suffisante et ydoenne caution devant la justice de lieu dudit achapt où ils achaptent les-
dictes laines pour leur usage et mestier et non pour revendre
ausdis plesges ne autrez. Déclarant outre ce tous achats de laines
contre ce que dessus fais, nestans encour parfurnis ny livrez,
nestre daucunne valeur ny vigeur et que les achapteurs ne
pouront en vigheur diceux demander ou recepvoir le délivere-
ment de laine, a teles paines et applicables comme dessus, saulff
iouttefois que tous drappiers et aultres besongnans en laine,
poront revendre le regect et retaille desdictes laines dont ils
ne peuvent servir en leur overage la et ensy que bon leur semblerat, le tout par forme de provision, et tant que autrement en
ceste endroit serat par nous pourveu et ordonné. Mandons pour
ce et comandons à tous nosdis officiers, justiciers, subjects et
autres ensemble à ceulx de nos vassaulz, que notre ordonance
susdicte ilz fachent mettre en garde de loy et estroictement
observer, procédans contre les trausgresseurs à lexaction des
paines et amendes susdictes sains aucunne dessimulation ou
faveur, car tel est notre bon plaisier, donné, etc.

(Recès de la ville à la bibliothèque de l'Université de Liége. 1568-1570, p. 140).

XVI

**Difficulés entre le métier et la hanse de la ville
de Namur, 1571, 5 novembre.**

Nous les goverueurs, jurez, ewardens, maitres du membre,
quattres et autres officiers avec la généralité des compagnons
de bon mestier des drappiers de la cité, franchiese et baulieu
Liége, extans ensemble convocqués et assemblés sur notre halle
et lieu accoustumé par Gilet du Looz nostre serviteur serimenté
qui le tesmoingnat, le ve jour de novembre au xve lxxj ; la
miesme, après par nous avoir entendu par aulcuns compangnons
de nostre dit bon mestier comment ils aroient avec leurs pacquets
et draps, drappés en cesdite cité et séelez par noz ewardens
jurez suyant le contenu de noz chartes et priviléges, esté vendre
iceulx à Malone à la fore condist Herbatte, où qu'ils aroient vendu
plussieurs pièces de draps entyères az halliers de la bonne ville
de Namurre, lesquels dis halliers les aroient fait stamper par
les maitres et juréz delle hans dedit Namure, et come nos dis
confrers euissent ramenez les cruys de leurs draps qu'ils navoient
point vendu audit Malone en ladite ville de Namure pour ce
ordonnée, et requis ausdis maitres et jurez delle hans de les
voloir visenteir et semblablement stamper auffin les povoir
mectre à vendaige, ce néantmoins iceuls dis maitres et jurez
delle hans ne les aroient volsu stamper auffin astraindre nosdis
confrers de ne les mectre à vendaige, de manière que nosdis
confrers pour tel refus seroient en dispute pardevant la justice
dedit Namure ou que la cause pend indécise, prétendans par lesdis maitres et jurés delle hans par ce déffendre et empécher
(sans tiltre ny raison, ains de leur auctorité privée) que les draps
drappés, tissus et scelez en ceste dicte cité en la manière dite, ne
soy polsissent dors en avant plus vendre en ladite ville et comté

de Namure, qui seroit totalement contre les priviléges, puissances
et auctorités que de ce faire povons avoir, miesme de lanchienne
possession qui ont heyus cidevant noz prédicesseurs et que
avons heyus jusquez à présent ; parquoy après par nous avoir
incorporé le dessus que redonde à grand préjudice et domaige
de nous et noz successeurs, avons par ceste presente député,
constitué et instabli Stas Tewis et Lambert de Preit gouverneurs,
Giele Brockart rentier, Martin Malmedie et Gielet Gielwar
confrers de notre dit bon mestiers, pour par eulx et chacun d'eux
in solidum soy trouver par devant ladite justice de Namure et
tous autres juges ou la dite cause penderoit indécise, et illecque
deffendre et parsuyre icelle jusquez en deffinitive ainsy et come
par raison serat trouvé expédient, az despens de notre dit bon
mestier ou cas que nosdis confrers fuissent succumbans, les
donnant puissance et auctorité de protester des domages et
intérests par nosdis confrers sustenus et que eulx ou tous autres
de notre dit bon mestier poroit a ceste raison susdite sustenir.

(Registre aux Recès du métier des drapiers. 1569-1610, p. 37, aux archives).

XVII

Réglement touchant l'ourdissage. 1637.

L'an 1637 le 24 jour daout estant nous les gouverneurs, jurés,
officiers et compaignons etc. assemblés et convoqués sur notre
halle, lieu accoustumé, ayant par nous les gouverneurs susdits
dit, remonstré, comment les petits compaignons de notre dit
mestier ne peuvent avoir aucune gaigne en lexercice de leurs
besoigne en tant que les grands drapiers, ayant grand moyen,
tienent grand nombre destat et douvrir, tellement quiceux ne
sont nullement servis a leurs exclusion ; et voulant au premis
mestre ordre et police afin que les petits ayent moyen de suste-

nir et maintenir leur famille, a été accordé que nul compagnon
usant de nostre dit art ne pouldra avoir que cincque sitat pour
besoigner de la drapperie, sur paine et amende embas escript
lequel debveront ourdir et soy conformer a qui sensuit.

Premier, tous fins draps se debveront ourdir et enlamer (¹) a
saise cents fils et point au desoub ou davantaige sy veulent, et
quant az moyens draps en quattorze cent fils.

E¹ quant aux draps que l'on dist forur, se debveront ourdir et
enlamer a traize cents fils et point au desoub.

Item les bayet se debveront ourdir et enlamer a quinze cent
fils et point au desoub, quy contiendront neuf quartier large, et
quant à ceulx de deux aune se debveront elamer et ourdir a
douze cents fils et point au desoub, et ceulx de sept quartier à
diex et demy ou davantage sy faire veulent.

Item les carsée debveront estre ourdis et elamés à diex cents
et demy ou davantaige sy faire le veulent et point au desoub.

Item les large raset debveront estre ourdis et elamés a saise
cents fils et les estroite a quattorse cents fils et point iceulx au
desoubs, ou davantaige sy faire veulent.

Item les large hanskotte à diex huicts cents fils et les estroitte
à diex sept cents fils et point au desoubs ou davantaige sy faire
veulent.

Item les large saille (*) se debveront ourdir et élamer a vingte
deux cents fils et les estroitte a diex neuff cents fils et point au
desoub ou davantaige sy faire le veulent; et d'autant que sur les
present pièces l'on ne scaurait mettre pour les sailler sans les
offencer, les ewardins y opposeront quelque marque par notre
greffier à désigner.

Item les large sitaint se debveront ourdir et elamer a diex
huict cents fils et point au desoubs ou davantaige sy faire le
veulent, et auront semblable marque que dessus à applicquer par

(¹) On peut lire aussi *enlainer*.

les susdit ewardins, et les estroites à saise cents et point au desoubs.

Et quant à ceulx d'une aune large a douze cents fils et point au desoubs comme dit est.

Item est aussy passé et accordé que nulle filz de drappier ne pouldrat drapper ny avoir sitat dressé sy n'est orphelins de père et mère, sy doncque il n'est chieff de manage, ayant leage de discrétions, sur paine et amende cy embas escrit.

Et d'autant que plussieurs de noz compaignons ont diverses chaisne accomodé contraire au présent règlement, aurat apreuve lieu au regard de l'ourdihege en compte susdit, dedans trois mois daete de ceste; et quant aux pièces sour li stat pour travailler, at esté accordé trois sapmaine pour les achever, et soy fait sy régler ensuitte du dessus sur paine celluy quy serat deffaillant à faire et accomplir le contenut du présent règlement, de trois florins d'or d'amende pour la première fois à appliquer comme de coustume, la seconde du double et la troisième foys destre privé de notre dit bon métier diex ans enthiers dicelluy, sans rémission, en injoindant cependant aux ewardins de s'acquicter de leurs debvoir conformément noz priviléges.

(Registre aux Recès du métier, aux archives de l'État à Liége).